城市复杂交通场景下的运动车辆跟踪技术研究

吴 刚 著

东南大学出版社
SOUTHEAST UNIVERSITY PRESS
·南京·

内 容 提 要

采用计算机视觉技术对城市交通中的车辆进行检测与跟踪是当前计算机视觉与模式识别领域研究的热点问题，应用机器学习算法解决相应难点问题已经成为近年来常见的研究手段。从视频序列图像中检测和识别出运动车辆属性的前提就是稳健并精确地跟踪预定目标。本书结合作者近几年的相关研究成果，全面系统地介绍了运动车辆的检测与跟踪的技术概况、主要原理、经典方法和相关研究的最新成果。本书内容新颖，联系智慧城市建设与智能交通检测等问题，可以作为高等院校及科研院所计算机视觉、模式识别与机器学习等领域高年级本科生、研究生的教学和参考用书，也可以供相关领域科研与工程技术人员作为参考书使用。

图书在版编目(CIP)数据

城市复杂交通场景下的运动车辆跟踪技术研究 / 吴刚著. — 南京：东南大学出版社，2016.9
　　ISBN 978-7-5641-6674-8

Ⅰ. ①城… Ⅱ. ①吴… Ⅲ. ①城市交通-汽车跟踪-研究 Ⅳ. ①U491.2

中国版本图书馆 CIP 数据核字(2016)第 198896 号

城市复杂交通场景下的运动车辆跟踪技术研究

出版发行	东南大学出版社
出 版 人	江建中
社　　址	南京市四牌楼 2 号
邮　　编	210096
经　　销	全国各地新华书店
印　　刷	虎彩印艺股份有限公司
开　　本	700 mm×1000 mm　1/16
印　　张	6.5　彩插　8 面
字　　数	165 千字
版　　次	2016 年 9 月第 1 版
印　　次	2016 年 9 月第 1 次印刷
书　　号	ISBN 978-7-5641-6674-8
印　　数	1—1000 册
定　　价	20.00 元

（本社图书若有印装质量问题，请直接与营销部联系，电话：025—83791830）

前　言

　　针对计算机视觉中目标跟踪与分类问题,应用机器学习算法解决相应难点问题已经成为近年来常见的研究手段。基于视频图像的运动目标跟踪与分析是当前计算机视觉与模式识别领域研究的热点问题,从视频序列图像中检测和识别出运动目标属性的前提就是稳健并精确地跟踪预定目标。图像目标跟踪广泛地应用于机器人视觉导航、视觉安全监控、交通场景自动检测、军事国防等诸多重要领域。根据所跟踪目标的具体性质与场景,有很多不同的目标跟踪方法。由于复杂场景下,目标车辆在运动方向、远近尺度上的变化、现场随机噪声扰动和剧烈的光照强度变化等因素,基于视觉技术的目标车辆跟踪始终是一个棘手的问题。

　　本书系统地讲述在雨雪、车辆遮拦和现场环境噪声等复杂场景下,基于城市交通场景的视觉车辆跟踪关键技术,从跟踪特征的选择、跟踪算法的改进、机器学习中的子空间学习与重构技术、在线学习与识别、融合车辆跟踪与测距等方面对序列车辆图像跟踪与识别进行了深入研究。本书的主要内容包括:

　　(1) 在粒子滤波车辆跟踪方面,设计一种引入前帧加权采样的粒子滤波跟踪算法,解决 SIR 算法由于引进提议分布而需要严重依赖系统状态模型的问题,可以理想跟踪运动状态不规则的车辆;同时,为提高重采样的合理性与采样效率,提出了一种引入残差信息的分层重采样;对灰度共生矩阵等纹理特征在粒子滤波目标跟踪框架中的作用进行了测试与对比分析。

　　(2) 不同于先检测再跟踪的传统模式,基于自相关矩阵、IPCA 子空间更新理论和粒子滤波算法,设计了一种车辆图像跟踪框架,在跟踪开始就构建目标的子空间,实时学习与更新目标图像特征子空间,基于标准视频的实验表明所用跟踪器可以在光照突变、阴影场景下稳定且实时性地跟踪目标车辆,平均可以获得 5~10 帧/秒的处理速度。

　　(3) 针对复杂背景下目标跟踪窗口易受噪声干扰从而产生形变与

漂移的问题,利用群空间中仿射群组受扰动后的形不变属性,将系统状态变量映射到李群空间进行处理,同时采用增量 PCA 算法实时学习并更新目标特征子空间。所用方法在利用粒子滤波算法采样粒子时,通过引入测量向量以提高权值计算的准确性。对比 IVT2008 跟踪器,跟踪器窗口在噪声干扰下不会产生形变,将跟踪成功率提升至 96%;对比同类型的 Kwon2010 跟踪器,将平均执行时间有效地控制在 0.32 秒/帧。

(4) 针对目前多数运动车辆检测与跟踪算法在雨雪等强噪声场景下抗噪能力较弱的难点问题,将车辆跟踪问题视为在线两类分类问题,采用运动模板实时检测前景目标车辆的方向性,有效地缩小搜索窗口的检测范围,引导在线分类器识别出在线正负样本,基于传统 online boosting 算法基础上设计出 MT online boosting 算法。

(5) 基于射影几何中的 B 对偶空间几何,在充分利用二维棋盘格标定图像中点、线和面固有的几何关系与属性的基础上,通过改进的角点提取与计算,结合消隐点计算方法标定出摄像机的全部内参数。与 OpenCV 标定方法相比,新的标定方法对 CCD 摄像机内参数的计算更为准确。

本书是作者在近年来研究工作的基础上写作而成的,衷心感谢河海大学计算机与信息学院曾晓勤教授对作者的指导与悉心培养,为作者提供了优良的博士后工作环境,奠定了本书的写作基础。本书的研究工作成果为作者在河海大学计算机与信息学院博士后流动站工作期间所得,向河海大学计算机与信息学院所有帮助过作者的领导、教授与同志们一并表示感谢,同时也感谢金陵科技学院计算机工程学院田祥宏、苏守宝、王池社等领导对作者博士后研究工作的支持,本书的出版由国家自然科学基金项目(No. 61375121)和金陵科技学院高层次人才科研启动项目(No. jit-rcyj-201508)资助。限于作者的水平,书中难免有缺点与不完善之处,恳请批评指正。

吴刚 于河海大学计算机与信息学院
2016 年 6 月 7 日

目 录

1 绪论 ………………………………………………………………（1）
  1.1 车辆跟踪的研究背景 ……………………………………（1）
  1.2 国内外研究现状及其应用 ………………………………（2）
  1.3 涉及的主要研究内容、面临的难点与解决方法 ………（6）
  1.4 已有技术手段及其弱点 …………………………………（8）
  1.5 研究所采用的技术方案与路线 …………………………（11）
  1.6 标准测试视频集及相关国内外主流杂志、会议 ………（14）
  1.7 本书的结构安排 …………………………………………（14）

2 视觉目标车辆跟踪中粒子滤波算法的改进 ………………（16）
  2.1 粒子滤波简介 ……………………………………………（16）
  2.2 视觉目标跟踪中的粒子滤波理论分析 …………………（17）
  2.3 引入前帧加权采样的粒子滤波目标跟踪 ………………（19）
  2.4 引入残差信息的分层重采样 ……………………………（24）
    2.4.1 目前几种典型的重采样策略 ………………………（24）
    2.4.2 引入残差信息的分层重采样算法步骤 ……………（25）
    2.4.3 引入残差信息的分层重采样的仿真研究 …………（25）
    2.4.4 本章改进的重采样在运动车辆跟踪中的实际测试 …（28）
  2.5 视觉车辆跟踪中的特征选择与分析 ……………………（29）
    2.5.1 本章所用纹理特征 …………………………………（30）
    2.5.2 车辆跟踪算法流程、试验结果与分析 ……………（31）

3 子空间学习框架下的实时车辆图像跟踪 …………………（34）
  3.1 基于图像的子空间学习在车辆跟踪中的研究背景 ……（34）
  3.2 增量主成分分析 IPCA 方法 ……………………………（35）
    3.2.1 Hall 的增量主成分分析 IPCA 算法 ………………（36）
    3.2.2 Ross 提出的 IPCA 算法 ……………………………（37）
    3.2.3 基于自相关矩阵更新与 EVD 分解的 IPCA ………（39）
  3.3 基于自相关矩阵的 IPCA 算法的执行 …………………（39）

3.4 子空间更新方法的算法复杂度对比 …………………………………（39）
3.5 自相关矩阵 IPCA 视觉跟踪的总体流程 …………………………（40）
   3.5.1 本章跟踪涉及的相关参数与解释 ……………………………（40）
   3.5.2 本章目标车辆跟踪方法的总体执行流程 ……………………（41）
3.6 车辆跟踪的实验结果与对比分析 …………………………………（42）

4 基于李群理论与特征子空间基的车辆跟踪 ……………………………（44）
4.1 引言 …………………………………………………………………（44）
4.2 群空间在视觉跟踪算法中的引入 …………………………………（45）
4.3 基于仿射群组几何属性的视觉目标跟踪 …………………………（46）
   4.3.1 李群与李代数 …………………………………………………（46）
   4.3.2 基于仿射群组的目标状态方程及其描述 ……………………（47）
   4.3.3 融入测量向量后的粒子权值的更新与计算 …………………（53）
   4.3.4 增量 PCA 算法及目标图像特征子空间向量基 ………………（53）
4.4 本章视觉目标跟踪算法的总体框架 ………………………………（55）
4.5 基于标准数据源的试验与分析 ……………………………………（56）

5 基于在线学习理论的车辆识别与跟踪 …………………………………（61）
5.1 车辆在线识别跟踪难点及研究背景 ………………………………（61）
5.2 基于运动模板检测的 online boosting 算法 ………………………（62）
   5.2.1 MT online boosting 算法的构成与执行流程 ………………（62）
   5.2.2 MT online boosting 算法中识别特征的选择 ………………（65）
   5.2.3 在线学习样本的检测定位及弱分类器的更新 ………………（66）
   5.2.4 参数设置及试验结果 …………………………………………（71）

6 B 对偶空间几何中基于消隐点的摄像机标定与测距 …………………（74）
6.1 目前常见的摄像机标定方法与视觉测距 …………………………（74）
6.2 B 对偶空间几何中摄像机内参数初值的计算方法 ………………（75）
   6.2.1 B 对偶空间几何的相关属性 …………………………………（76）
   6.2.2 B 对偶空间下基于消隐点的内参数计算方法 ………………（78）
6.3 本章摄像机标定的流程与相关参数 ………………………………（81）
6.4 试验结果与对比分析 ………………………………………………（83）
6.5 基于视觉方法的前车车距计算 ……………………………………（88）

参考文献 ……………………………………………………………………（89）

1 绪论

智能车辆技术包含了计算机、移动通讯和自动控制等使车辆更具安全性、智能性、舒适性、娱乐性的多项综合技术，而基于微机平台的汽车信息化是实现智能车辆技术的基础和必要条件。智能车辆技术的研究可用于为有人驾驶汽车提供辅助安全驾驶技术，减少道路上交通事故的发生率，也可用于国防工业，同时也会带动汽车产业高新技术的发展。2002 年丰田与微软签署协定，在丰田汽车上安装带有"Windows CE"操作系统的车载电脑，至 2006 年有 33% 以上的丰田汽车装配车载电脑。世界权威机构预测：电子信息处理将成为 21 世纪汽车的基本配置。汽车行业的激烈竞争，使众多厂家通过推出新车型，提高配置、服务质量和整车的性价比来提升竞争力。智能车和无人驾驶车辆通过装备环境感知、行为处理和执行控制等一系列智能化设备，可以在不同的道路环境下进行自主行驶。智能车辆集成了车载雷达、摄像机、GPS 等多种传感器，是计算机科学、模式识别和智能控制技术高度发展的产物。

基于视觉图像处理技术的智能检测与识别是智能车系统的一个重要组成部分。智能检测与识别是集电子技术、计算机技术、通讯技术及自动控制技术等多项先进技术手段于一身的综合性系统，主要依靠测速雷达、超声波检测器与微波探测器等设备获取交通参数。实际应用表明，这几种参数获取办法具有如下缺点：①检测精度和可靠性不高；②不适宜大范围检测；③获取的交通信息量较少；④无法直观显示车型、牌照及交通现场等重要的路面信息。由于受到检测范围、检测能力和可靠性等方面的限制，上述几种信息参数提取方法已不能满足现代智能车辆技术发展的要求，研究具有更高应用价值的视觉与图像信息的参数提取方法显得日益重要。基于视频图像的交通参数提取方法是近 10 年出现和应用的一种新的信息参数获取方案。基于视频图像的交通参数提取系统是由摄像机、计算机处理技术、微处理器或工控机等构成，涉及图像处理、计算机视觉、模式识别、信号处理及信息融合等多个知识领域。基于视频图像的参数提取方法获取的交通信息量丰富，不仅可以获取车流量、车速、车型等常规车辆及路面信息，还可以获取常规电子检测器无法得到的现场信息量。

1.1 车辆跟踪的研究背景

从 2004 年至今，美国国防部先进技术研究署 DARPA 先后投入 3 500 万美元的巨额奖金举办多项无人驾驶汽车挑战赛。该项高科技赛事的举办旨在鼓励美国大学、汽车企业及相关科研机构开发无人驾驶智能车辆。2004年的第一届比赛在全长250公里的沙漠中进行,成绩最好的车队也仅跑了11.78公里。2005年各参赛车队进步明显,共有5个车队完成了全程的比赛,最终斯坦福大学车队获得了冠军。2007年DARPA增加了挑战的难度,将比赛地改在前乔治空军基地附近的城镇中,全长96公里的赛程要求参赛车辆能够避开障碍物、遵守交通标志、汇入正常行驶的车流以及能够自动躲避其他行驶中的车辆,各参赛车辆必须在6个小时内完成规定的驾驶动作:自动驾驶穿越四路交叉的十字路口、在车流中穿梭以及高速公路驾驶等。DARPA任命的裁判在对车辆行驶中的安全性、遵守交通规则的程度及行驶路线选择的效率等诸多因素进行综合评判后,最终共有6辆无人驾驶车辆顺利到达终点,美国卡耐基梅隆大学CMU的Tartan车队赛车Boss获得冠军。Boss赛车以雪佛兰Tahoe为原型车,该车的研制获得通用汽车、Intel和Google等国际大公司的支持,Boss无人驾驶赛车拥有超过50万行的自动导航程序,并配备了激光传感器、摄像机和无线电雷达来实时监控道路的状况。德国军方于2006年组织了类似的无人驾驶挑战赛ELROB,赛事组委会要求参赛的赛车穿越240公里的沙漠,当年度的比赛吸引了来自5个国家的20支车队参赛。我国在"十五"、"十一五"等国家级重大科研项目中也一直在资助无人驾驶车辆方面的研究课题。国外近年来较为成功的智能车还包括:

①美国卡耐基梅隆大学的Navlab系统,从研究初期的Navlab1系统到目前的Navlab11系统,该系列无人驾驶车辆使用计算机视觉技术进行导航控制。

②意大利帕尔玛大学的ARGO无人驾驶车辆系统,该系统使用GOLD视觉系统进行导航控制。该系统的首部样车于1998年6月在2 000公里的高速公路上进行了长距离试验,其中94%的路程使用完全自主导航,平均时速为90公里/时,最高时速达到123公里/时。

③德国联邦国防军大学的VAMP智能车系统,该系统使用计算机视觉技术检测道路和障碍物。

1.2 国内外研究现状及其应用

美国卡耐基梅隆大学国家机器人工程中心NREC的多个研究项目都涉及机器视觉与目标识别等相关领域,如图1.2.1所示NREC的Cursher智能车利用单目视觉与雷达技术在复杂山地场景下执行自动检测识别、场景分析、地图构建、路径规划与自主驾驶等操作,旨在减少危险环境下侦查士兵的投入量。如图1.2.2和图1.2.3示,2012年NREC为DARPA研发了一款全新PerceptOR智能车,

PerceptOR系统采用一个小型无人驾驶直升机作为远距离视觉检测的单目"电子眼",该系统将直升机提供的空中俯视图像数据传回PerceptOR智能车进行实时分析,引导智能车规避障碍以及重新进行路径规划,PerceptOR智能车自身装备的雷达和视觉传感器则提供中距离和近距离检测能力,该智能车具备障碍物与危险检测、三维路径规划与完全自主驾驶性能。

图1.2.1　Cursher智能车　　图1.2.2　PerceptOR智能车　　图1.2.3　PerceptOR系统示意图

1991年美国加州理工大学对在高速公路上运用视频方法的检测技术进行了评估,在评估报告中对当时采用的多种视频车辆检测技术详尽地进行了分类。1994年美国明尼苏达运输部MN/DOT为美国联邦公路局FHWA进行了更详尽严格的测评,结果表明视频检测器的检测准确性和可靠性可以达到令人满意的程度。同时随着视频车辆检测技术的发展,人们已不满足于仅仅检测出车辆,FHWA进一步利用此技术来自动提取交通参数,如车速、车辆跟踪与行驶方向的预测、十字路口的车辆转向信息、违规车辆的相关信息等。英国雷丁大学计算机视觉研究组针对交通场景摄像机提供的视频信息进行实时分析,对交通视频的研究与分析的目的在于:①自动分析交通视频数据,以提高紧急服务的响应时间;②在繁忙的交通时间段,通过调整交通信号以尽量合理地提高或疏导单位时间段的交通流量。图1.2.4显示的是基于雷丁大学计算机视觉库基础上开发的汽车流量检测系统的试验图像。英国利兹大学视觉研究组的成立有着超过18年的历史,主要关注目标识别、图像分割、视频分析方面的总体方法。该研究组逐渐成长为英国最大的计算机视觉研究中心,其中的一个主要研究方向就是运动分析,包括目标分类、图像分割、运动跟踪与运动建模等。

图1.2.4　汽车流量检测图像

利兹大学COGVIS跟踪器采用混合高斯模型将前景目标车辆从背景中分离出来,通过关联图像像素与模型的位置、颜色、速度和尺寸,将单个的待跟踪车辆提取出来。针对每个待跟踪车辆建立相应的模型，运动车辆的移动位置可以通过卡尔曼滤波器迭代计算出，如图1.2.5所示基于平面图的速度模型可以用于提高卡尔曼滤波器初始化的精度[1]，COGVIS系统运行结果如图1.2.6所示。

图1.2.5　基于平面图的速度模型　　　　图1.2.6　COGVIS跟踪器

美国南加利佛尼亚大学基于模型的检测与跟踪项目包含固定和车载摄像机的运动检测与跟踪，主要的研究内容分为以下两个层面：

①固定摄像机的车辆检测与跟踪，系统的该模块使用架设在交通标志杆或建筑物上的固定摄像机跟踪路面上的运动车辆。由于路面上车辆之间相互的遮挡不可避免，为处理遮挡问题系统采用车辆的形状模型进行检测。图1.2.7所示为夜间车辆检测跟踪的图像，图1.2.10所示为车辆检测跟踪系统的结构框图。首先假定待测车辆的类型并为其建立相应图像数据库，针对运动前景图像做匹配性计算以检测运动车辆的方向与位置，然后运用数据驱动的马尔科夫链蒙特卡洛方法处理与修正相应车辆参数[2]。

图1.2.7　固定摄像机的　　图1.2.8　车载摄像机的　　图1.2.9　十字路口的
　　　　车辆检测　　　　　　　　车辆检测　　　　　　　　交通检测

②基于运动摄像机的车辆跟踪，使用运动中的摄像机检测与跟踪运动车辆是一个困难的课题，这归因于摄像机的运动从而导致图像中每一个图像像素均在运动。系统的该模块采用一定数量的多视图几何约束从静态背景中分离出运动部分[3]，图1.2.8所示为基于车载运动摄像机的检测图像。

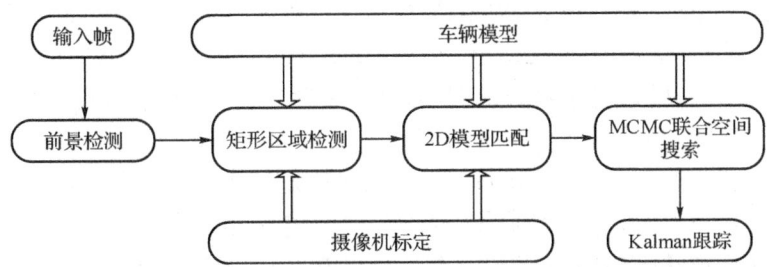

图 1.2.10 固定摄像机的车辆检测与跟踪结构框图

美国加利佛尼亚大学圣地亚哥分校统计视觉计算实验室 SVCL 课题组,其中一个长期的研究领域就是基于视频的智能车辆检测系统的开发,包括可见信息的图像理解、视频信息的检索、视频信息的认知与分类、运动车辆的分割与跟踪等交通视频的分类与检索项目。相对传统的电子检测器方法,近几年使用视频图像进行视频流数据的分析方法具有明显优势。如图 1.2.9 所示,针对视频流的分析通常可以提供更为全面的信息,如总体的交通流速度、车道的占有率以及单个车辆的跟踪信息,许多已经存在的车辆检测系统采用车辆分割与跟踪框架。首先利用运动线索将待监控车辆从场景中分割出来,然后运用多种跟踪方法对分割出的目标车辆进行跟踪。这种车辆跟踪框架有着先天性的缺陷:目标车辆跟踪的准确性严重依赖分割后的结果。尤其对于一些复杂的交通场景例如光照的变化、阴影的干扰、车辆的相互遮拦等而言,成功地分割出待跟踪车辆往往是难以完成的任务。另外的难点在于:如果待跟踪车辆在图像中的区域较小,例如只有几个像素大小,这种情况下对于分割的准确性就要求更高,图像分割中的细小偏差将极大地影响后续跟踪的可靠性。在 SVCL 的车辆视频的分类与检索项目中,研究者利用动态纹理信息生成相应的概率模型并从整体上对运动场进行建模[4]。运动场可以从视频流中被提取出并建立起相应的模型,该方法避免了先分割再跟踪带来的难点问题。基于车辆的视频流分类与检索可以在使用概率 SVM 框架的基础上完成,试验结果验证了该方法在拥挤的交通场景中进行车辆分类与检索的有效性。

2003 年 3 月,由清华大学研制的我国首辆智能车 THMR-V 在公路上进行了现场测试,该智能车使用计算机视觉技术对车道线进行检测与跟踪,其平均时速为 100 公里/时,最高时速达到 150 公里/时。一汽红旗 CA7460 自主驾驶车于 2003 年 6 月在湖南长沙的高速公路上进行试验,自主驾驶最高时速达到 130 公里/时,该车采用国防科技大学研制的视觉系统进行导航控制。2009 年 6 月首届中国"智能车挑战未来"比赛在西安浐灞生态区举行。参加比赛的有来自西安交通大学、清华大学、意大利帕尔玛大学、上海交通大学、国防科技大学等 9 支车队。比赛分为规定动作测试、挑战性测试和特色表演三个部分。规定动作测试和挑战性测试使用全长 2.2 公里的赛道,规定动作测试要求无人驾驶车辆完成指定路线行驶,考察其基本自主行驶、通过交通路口以及转弯等能力;挑战性测试则针对城市道路环境,要求车辆在行驶过程中自动识别障碍物、交通信号、减速带以及执行 U 型弯道的能力等;挑战性测试 B 则专门针对没有标识线的乡村土路环境,考察无人驾驶车辆在非结构化道路中的环境感知和自主驾驶等综合能力;特色表演主要在模拟高速道路的环境中进行,包括高速自主行驶、自主超车、保持车距等内容。在针对城市和乡村两种道路的环境中,参赛车辆在对障碍物、交通信号和交通基础设施的识别和处理过程中各展其能,让人们近距离地目睹了国内无人驾驶车辆的科技风采。我国智能车的研究尚处于初中期阶段,整体研究工作和水平与欧美发达国家相比仍有一定的差距。在国内的高校和科研机构中,清华大学、浙江大学、国防科技大学、上海交通大学、西安交通大学、北京航空航天大学、西北工业大学、河海大学、南京理工大学、中国科学院北京自动化研究所和计算所等均开展过智能车与导航、视觉计算与理解、车辆控制等相关课题的研究工作,对我国智能车研发从实验室走向现场环境、推动和促进无人驾驶车辆验证平台的创新与发展具有重要意义。在民用车研发领域中,传统的针对冲撞后乘员保护技术已经远远不能满足现代交通对汽车安全性的要求。把以冲撞安全为核心的传统汽车被动安全技术,发展为以预防为核心的现代汽车主动安全技术,不仅已成为现代交通领域的迫切要求,更有效降低交通伤亡率,减少特重大交通事故。在智能车研究向民用车的技术成果转化方面,近年来兴起一种"基于防撞自动刹车的车辆主动安全技术",例如奔驰全新 S 级等高端车型配备的自动刹车系统,利用雷达与视觉技术对前方行人或障碍物进行自动检测,在预判危险状况时可以进行提示报警、自动刹车甚至自动变道控制,这些车辆主动安全技术涉及基于计算机视觉技术的车辆前方障碍物自动识别、前方车距与行道线检测、驾驶员工作状态检测等几个方面的研究成果。该领域一些研究项目采用单目视觉方法,在基于视觉信息处理的全天时行道线检测、车道偏离告警、前方车距检测及运动车辆跟踪、全天时驾驶员疲劳状态检测等关键技术方面取得了进展。

1.3 涉及的主要研究内容、面临的难点与解决方法

尽管国内外有不少专家预测未来 10~20 年内,无人驾驶车辆无法真正地实现产品化,但是仍然有越来越多的汽车厂商及国内外大学加入到车辆的智能驾驶研究中来,他们的研究重点由最初的完全无人自主驾驶转移到包括车道偏离报警、驾驶员疲劳驾驶预警、车速自适应控制等广阔的汽车辅助驾驶系统。目前车载雷达作为欧洲、美国和日本等国在智能车辆和传感器领域研究的热点,主要使用在高端

豪华车的汽车前向报警系统、主动避撞系统及自适应巡航控制系统等方面。随着世界各国对道路交通安全和主动式车载安全系统认识的不断提高,车载雷达自身及其相关系统的研究必然会得到进一步的重视。尽管新型车载雷达产品不断问世,车载雷达的探测能力与工作方式都得到了相应的改进,但是由于道路交通状况的日益复杂性,例如在繁忙的交通路线上行驶中的车辆总会存在变线、并线、转弯及上下坡等突发状况,再加上各种恶劣气候的影响,车载雷达测量的误报率总是很高,很难实时提供完全可靠的路面信息。随着电子技术日新月异的高速发展,早期制约计算机视觉导航的一些硬件方面的因素,例如运算速度、芯片体积、计算与存储能力、成本等问题已经不复存在,针对高速公路的无人驾驶车辆,在采用计算机视觉技术进行导航控制方面已经取得了初步的成功。视觉测量技术具有非接触性测量、适应能力较强、高精度、智能化等优点,在车辆自主驾驶与辅助导航方面具有广阔的发展前景,是智能车辆研究的关键与核心技术。在针对城市拥挤路面或复杂道路环境中采用视觉导航控制仍然遇到不少的难点问题,装备视觉导航系统的车辆在实际测试中只能达到90%左右的正确率,产生问题的原因主要包括:室外环境光照强度的变化、城市道路中车辆的高度拥挤、路面阴影、雨雪等无规律自然噪声、视觉算法自身的稳定性与抗扰性能等。由于视频或序列图像先天性容易受到自然恶劣天气条件与各类噪声的干扰,因此在复杂环境下进行视觉的检测与解析便是该项技术走向真正实用化需要解决的关键性难题。在计算机视觉导航的子任务中,例如噪声扰动下运动车辆的检测与识别、运动车辆的在线识别与分类、前方车距实时检测、障碍物与行人检测等仍然存在技术上的瓶颈问题。

  随着图像处理和模式识别技术以及计算机硬件水平的提高,道路信息可以通过对图像或视频的处理和分析来获得。视频检测与图像处理技术为现代智能车视觉识别系统提供全面、准确的基础数据,同时也为城市智能交通控制系统的建设奠定了坚实的技术基础。法国标志-雪铁龙公司在雪铁龙C3轿车平台上开发了一款车辆辅助驾驶系统,该原型车采用单目视觉为主的技术手段可以实现智能速度接近控制,不仅可以识别前方摩托车、轿车与卡车的类型,并能实现纵向深度提取与避让控制[5]。视频检测技术是随着图像处理技术的发展而产生的,也是最有发展前途的一种智能车检测方式。视频传感器主要通过安装在车辆上方或车身的摄像机摄取道路中前方路面图像,然后利用图像处理算法检测相关车辆与行人信息,进而识别并提取出相关的交通参数。与传统的电子检测技术相比,视频检测技术可提供现场的视频图像,具有直观可靠、安装调试维护方便、价格便宜、可以实现多车道同时检测等优点,缺点是容易受恶劣雪雾天气、灯光、阴影等自然环境因素的影响。现有的视频检测与识别系统对光照条件要求很高,不能满足夜间以及雨、雪、雾等极端天气条件下进行全天候检测,同时视频检测技术的理论与应用研究也需要进一步地加以深入。对比其他类型传感器信息,视频或序列图像包含相对丰富的环境信息量,如交通信号、交通标识、道路标识、车辆与行人信息、车辆间距等。针对摄像机传输的视频图像信号,利用图像处理与智能识别、计算机视觉等综合技术手段进行图像特征提取、识别与解析,从序列图像中获取有价值的交通环境信息的视觉测量研究正受到越来越广泛的关注。研究主要涉及复杂道路场景与光照变化等噪声扰动环境下,运动车辆的检测、跟踪与识别技术。

在视觉传感器的具体检测手段上,利用机器视觉获取视频图像的技术通常分为单目视觉、双目视觉、多目视觉方法。双目视觉模仿人类双眼立体成像的原理获知图像中的三维视觉信息,利用双摄像机从不同角度对景物成像以获得视差从而恢复距离。相对单目视觉来说,双目或多目视觉尽管可以获取待测目标更多的图像数据,然而却牺牲了处理速度。双目或多目视觉都存在耗时的图像配准过程,要求图像传输同步且摄像机安装与架构的难度大。单目视觉具有相对成本低、系统结构简单、不需图像配准过程、处理速度快等优点,这对于利用视觉技术的智能导航系统来说具有重要的实际意义。尤其近年来,国外在自主机器人导航方面"视觉声纳"概念的提出,利用单摄像机结合其他传感器进行数据融合逐渐成为研究的主流,单目视觉技术相对双、多目视觉技术更具有研究的价值和意义。在基于智能车辆的视频图像自动检测方面,围绕如何解决其中所涉及的关键技术难题进行研究。从视频或序列图像中检测和识别车辆的前提就是稳健并精确地跟踪预定目标车辆,因此一个重点研究内容就是关于运动车辆的跟踪,基于车辆的运动跟踪涉及计算机视觉中从低层到高层的许多基本原理与方法,该问题的解决也为车辆以外其他类型的运动目标图像跟踪提供了思路与方法。随着模式识别领域子空间表达[6]、李群理论[7]的进一步研究,将这些理论方法结合目标跟踪也正逐渐成为车辆跟踪研究中的热点。在光照变化、目标车辆发生形变、雨雪等噪声扰动下,研究提高车辆跟踪算法稳定性、实时性与抗噪性的有效解决方法。在复杂场景的模式检测研究中,例如在城市道路或高速公路拥挤的行车环境中对单一目标车辆进行跟踪十分困难,那么从视频流中在线学习目标重要的信息或模式就是一个具有挑战性的视觉问题。复杂场景下的模式检测系统并非一味地采用长时段预测跟踪,也不是针对视频流的每一帧图像进行目标的检测,而是使用新样本的在线学习增强系统的分类性能,将车辆的跟踪问题转化为在线分类问题。基于机器视觉的目标测距技术对于机器人及自主车辆导航来说具有重要的意义,目标车辆的距离、姿态和方位等空间参数的准确获知将对后续阶段的决策有着决定性的影响。

1.4 已有技术手段及其弱点

计算机视觉中的车辆跟踪与识别技术,依据所使用视觉传感器的数量与技术特点可以分为单摄像机、双摄像机与多摄像机识别 3 类。双摄像机和多摄像机检测与识别精度较高,存在的主要问题有:①需要精确的配准,耗时的配准过程对实时视觉导航来说有着不可忽略的影响。②一些特殊条件的约束,比如基线和摄像机光轴要严格处于同一平面上,这点对于摄像机的架设要求极高。另外值得注意的是:复杂路况环境下行驶的车辆将不可避免地会受到振动与颠簸,因而在长时段长距离行驶条件下,所架设的多个摄像机会存在位置与姿态上的相对变化。而采用单摄像机作为传感器对环境进行检测与识别,后期技术处理上不需要经过图像配准过程,同时具备算法处理速度快等优点。

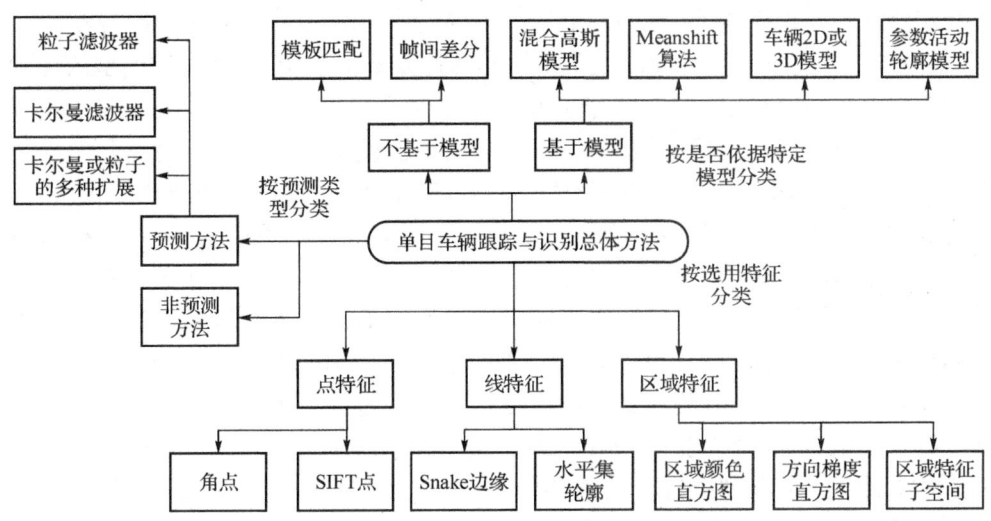

图 1.4.1　基于单摄像机的前方车辆跟踪与识别的分类

　　基于单摄像机的前方车辆跟踪与识别方法众多,在此不可能一一列举所有理论与方法。如图 1.4.1 所示,从选用特征、采用模型和预测方法这 3 个角度将当前主流方法进行了分类。按选用的特征分为点、线和区域特征,光流场方法就是将图像的角点作为特征点进行跟踪识别,类似的方法还有 SIFT 算法[8],以及近年来较为流行的时空方向能量场 SOE[8]方法,这类方法的主要优点在于:对目标车辆在帧间的运动限制较小,由于只处理图像中少数的特征点,因而计算量相对较小。选用点特征进行跟踪的主要缺点是:很难提取目标车辆的精确形状,特征匹配问题尚未得到较好的解决。基于线特征的方法依据提取目标车辆边缘或轮廓信息对车辆进行跟踪识别,典型如主动轮廓线 Snake 方法,主动轮廓线方法提出后便一直成为图像分割领域的研究热点,随后又出现了多种改进型 Snake 方法并引入到运动目标跟踪领域。基于轮廓的跟踪方法由于轮廓的自动初始化问题、运算速度慢、不具备抗目标相互遮挡等缺陷,因而很难用于对实时性要求较高的车辆跟踪中。某一特定区域图像提取的特征信息可以很好地代表待识别目标,因而基于区域特征的方法是采用最多的一类方法,其中 RGB 与 HSV 颜色直方图因其具备简单、高效、旋转不变性等优良属性是一种广泛采用的区域特征,主要的弱点在于损失了目标的空间信息、对光照强度变化敏感。值得注意的是,由于目标跟踪中模式识别领域子空间方法的引入,将代表目标的子空间作为区域特征进行跟踪与识别日臻成为研究的热点。按照是否依据特定模型可以将车辆跟踪与识别分为不基于模型与基于模型两类方法,早期采用的模板匹配与帧间差分等方法均属于不基于模型的方法[9]。基于模型的方法文献众多,包括支持向量机 SVM 与神经网络 ANN 等方法均在车辆跟踪与识别中有所应用,这类方法中基于 2D 或 3D 模型的运动车辆跟踪、基于核估计理论的车辆跟踪是常采用的两种方法。基于 2D 或 3D 模型的运动车辆跟踪首先需要利用车辆的先验知识构建车辆的 2D 或 3D 模型[10],模型的选择与构建可以基于特定车辆的结构关系,常用的车辆模型主要有:线框模型、表面边界模型、广义锥模型、视面图模型和体积模型,基于模型的运动车辆跟踪通过调整车身长度参数来模拟真实的车辆车身结构。针对类似大众桑塔纳 2000 这种车身结构特征分明的车辆,可以建立起较为完备的车辆模型,进而利用相关车身参数与模型匹配准则进行车辆的跟踪,然而现代流线型的车辆车身使得模型的构建与参数调整变得十分复杂,且计算量较大。基于模型的车辆跟踪存在的主要问题有:①为准确反映车辆特征,建立车辆模型往往需要大量的车辆数据。②只能针对已知车辆类型建立相应模型进行跟踪,对于突发闯入视野的未知车辆则无法跟踪。基于核估计理论的典型方法是均值移位算法,包括 Meanshift 和 Camshift 算法及其各种改进方法[11],该类方法在视觉车辆跟踪领域中取得一定的成功,具有收敛速度快、跟踪精度高等优点,同时也存在一定的缺陷:①核函数窗口宽度的大小不能自适应调整,因此跟踪窗口不能适应序列图像中目标车辆尺寸的缩放。②核函数窗口不具备旋转特性,不能跟随目标车辆姿态与方位的改变自适应地调整跟踪窗口的方向。③均值移位算法因其迭代收敛的本质自身并不具备抗遮拦特性。按照预测类型分类,可以将车辆跟踪与识别分为两类,其中非预测方法不采用任何模型或技术对目标车辆的运行方向进行预测,而是在图像帧中实时检测或搜索目标车辆所在的位置,对实时性要求较高的场合通常采用预测的方法对目标车辆进行跟踪识别,常采用的方法为卡尔曼滤波器(Kalman filter)和粒子滤波器(Particle filter),这方面出现了很多相关衍生方法,诸如:扩展 Kalman filter、迭代扩展 Kalman filter、unscented Kalman filter、unscented Particle filter 和辅助 Particle filter 等[12]。整体而言,基于优化估计理论的 Kalman filter 适合线性场合,而基于蒙特卡洛理论的 Particle filter 更加适合非线性场合。针对目标车辆的方向与速度突变、现场非高斯噪声的挑战,Particle filter 的预测效果要优于 Kalman filter,相对而言 Particle filter 的算法复杂度也比 Kalman filter 更高。

1.5 研究所采用的技术方案与路线

区别于多数跟踪前检测、预测与校正、目标跟踪的传统思路，不同于以往仅仅跟踪或识别出预定目标车辆的传统思维，本书从跟踪特征的选择与跟踪算法的改进、机器学习中的子空间学习与重构技术、在线学习与识别、融合车辆跟踪与测距等方面对视觉车辆跟踪与识别进行了阐述，所采用的实验视频均来源于国际标准视频库，试验所涉及的目标车辆处于雨雪雾、形变、行驶方向改变、拍摄现场电磁噪声扰动、目标车辆受到遮拦等恶劣环境下，视觉目标车辆跟踪与识别的难度具有极大的挑战性，就本书方法所采用的技术方案与路线分为以下 5 个方面加以具体陈述，分别对应于后续的 5 个主要章节：

1) 基于粒子滤波理论的车辆跟踪

序列蒙特卡洛理论应用领域广泛，近年来粒子滤波理论受到了越来越广泛的关注。传统采样重要性重采样 SIR 算法由于引进提议分布 Proposal distribution，需要严重依赖目标的系统状态模型，对于运动状态不规则的目标很难做到稳健的跟踪[12]。研究在恶劣气候条件与目标受到遮拦时，提高粒子滤波跟踪器跟踪稳健性的方法。在粒子滤波理论中，重采样策略更是其中的一个关键步骤和必不可少的环节。如果粒子滤波算法没有引入重采样策略，系统的预测结果往往发散或误差很大。研究粒子滤波算法中重采样的改进方法，首先通过仿真试验证实其在非线性系统估值中的有效性，进一步提高算法在实际车辆跟踪方面的抗遮拦与抗噪声的能力。跟踪特征的合理选择对于视频目标跟踪的稳健性与实时性具有重要的影响。从整个跟踪算法的稳健性与快速性的角度而言，跟踪算法自身的改进只是其中的一个方面，而用于跟踪区域的图像特征的选取则直接关系到跟踪的总体性能[13]。纹理是图像分析和分类中很重要的一种特征，纹理特征不同于颜色和边缘等图像特征，其自身具有很强的抗光照突变特性和局部序列性等良好属性，尤其适用于在复杂场景下进行目标的分类和检索[4]。近几年基于纹理特征的分类和图像检索在模式识别领域中已有学者进行了相关研究，基于视频的车辆跟踪领域而言，目前国内外的研究集中在跟踪算法自身的改进上，用于跟踪的图像特征大多数是不同类型的颜色特征如 RGB 和 HSV 颜色直方图。因此在研究典型纹理特征如 LBP 纹理、灰度共生矩阵纹理的基础上，结合目前典型的粒子滤波算法，在视频车辆跟踪方面进行了试验和对比研究，从横向角度对几种不同种类纹理特征的目标车辆跟踪算法进行比较与性能分析。

2) 基于子空间学习及车辆表面模型的车辆跟踪

子空间方法及子空间重构技术在人脸识别领域获得了成功,这种基于静态库的特征提取方法可以提供图像集合的某种紧凑表达形式[14]。A. Jepson[15]首先试图利用子空间方法尝试在长序列图像中实时地跟踪运动目标,基于预先训练的目标子空间集合及运动目标模型,A. Jepson 设计的跟踪器可以跟踪缓慢运动的目标。S. Liwicki 尝试将基于核的子空间更新与重构技术引入目标跟踪领域,尽管算法中也引入了预测机制但其主要缺陷在于:在光照强度发生变化的场合,跟踪窗口会逐渐偏离待跟踪目标。在传统视觉跟踪方法中,待跟踪目标的颜色、轮廓或纹理等区域特征并不能完完全全地代表目标自身,在目标跟踪中需要的是跟踪住某一个具体的"实物"概念,而非这一"实物"的部分信息。研究目标车辆在光照与噪声扰动场景中,在均衡考虑跟踪精度与实时性能的前提下,采用动态地自动生成与更新目标车辆子空间集合的方法,并结合子空间学习与车辆表面模型的理论框架,解决以往基于目标表面模型的运动跟踪方法不适应光照强度变化、阴影与现场噪声环境、不能实时生成动态跟踪特征等弱点问题。

3) 基于群理论与特征子空间集合的车辆跟踪

长序列场景的车辆现场跟踪中,序列图像经常受到雨雪天气、光照强度变化与目标形变等现场实时噪声的干扰,跟踪器往往很难对选定目标车辆的位置、大小与形状作出自适应的稳健跟踪。李广伟提出利用李流行的特殊结构、李群与李代数的关系可以构造出有效可行的视觉跟踪系统,鉴于当前微分流行与群理论在模式识别领域的热点研究,不同于针对目标特征的一维属性进行跟踪的传统方法,由于受噪声扰动后群空间下状态变量的形变具有一致性的特点,以仿射群组的视觉车辆跟踪作为研究的对象,重点研究蒙特卡洛滤波与李群之间的关系理论,采用将系统状态变量映射到李群空间进行处理的方法,推理李群空间下仿射群组变量的性质与具体计算方法,并结合动态生成目标车辆子空间特征集合的方法,研究在光照突变、目标形变与随机噪声扰动的现场环境下,跟踪器可靠、稳定、实时性地跟踪目标车辆的解决方案。

4) 车辆在线识别与跟踪

机器学习理论的目标识别就是针对某一类别目标大量样本的学习以获得该目标的分类器,使用该分类器可以在图像集合或视频中正确识别出该目标。传统基于机器学习的目标识别方法需要准备关于目标的大量样本,样本的类别通常由手工标注。由于待识别的目标在图像集合或视频中具有多种表现形式,因此也很难准备一个完备的样本集合将目标的所有表现形式都包括进去,因此训练出的分类器在实际检测中往往很难达到较高的识别率[16]。根据训练样本的学习方式及训练分类器的更新方式,将基于机器学习方法的目标识别分为离线学习识别和在线学习识别两类。近年来,机器学习领域中在线学习方法受到了更为广泛的重视。在线学习本质上属于增量学习的研究范畴,在线学习算法在识别过程中对每个样本只学习一次、不需要存储目标的大量训练样本[17]。通过在线学习使分类器在分类过程中不断地学习新样本,并且根据新样本进行自我更新,可以进一步地提高在线分类的识别率,因而在线学习识别方法特别适合训练样本为持续获得的、同时存储空间较小的机器学习过程。对于在线学习的跟踪与识别,Yang Hanxuan 也指出其中的一个关键问题是:跟踪器在每一次的学习与更新过程中都可能会引入错误,而最终错误的累积将导致跟踪失败或漂移。对于车辆在线识别与跟踪而言,由于不同场景下车辆的类型、颜色、姿态、方位和大小等属性均存在着较大差异,因此也很难建立关于不同类型车辆的静态样本库,借鉴在线学习分类的思想将基于视觉的车辆跟踪问题归为在线两类分类问题。在线学习识别遇到的难题主要有:①目标特征的种类选择与数量;②新样本的确定与属性标注;③在线分类器的组成与结构设计。车辆在线识别与跟踪过程中,同样也面临类似的难题:在雨雪或遮挡场景等复杂场景下,在线学习过程中关于目标车辆与背景区域的合理检出、样本的在线归类问题;在线识别过程中,目标车辆特征的合理选择及其数量也关系到在线识别的实时性能。本质上而言,目标特征及数量的选择、在线识别的准确率及识别速度这几个因素是相互制约的关系;此外,针对目标车辆的在线分类器的合理设计与元素组成同样关系到最终在线识别的总体效果。

5) 基于消隐点的摄像机标定与单目式前车测距

Kuo Ying-Che 和胡钢针对公路上前方运动车辆采用实时的单目式识别融合测距方法,在白天对前方车辆的正确识别率均达到 95% 以上。借鉴了相似的研究思路,同样选用单目摄像机与计算机视觉原理对前方车辆进行测距。为有效地减小后续单目测距的总体误差,测距前准确地标定计算出摄像机光心主点坐标值、镜头畸变系数与焦距等内参显得尤为重要。摄像机标定是从 CCD 摄像机所捕获的图像信息和标定参照物中提取摄像机的内外参数,从而建立起一种空间三维位置信息与图像二维坐标的精确映射联系的技术[20],传统摄像机标定方法没有充分利用二维标定板图像中点、线和面固有的几何关系与属性,而欧氏空间中的点线面与射影几何的分支 B 对偶空间几何存在着约束与映射原则,可以将欧氏空间中难以表述的消隐点和消隐线映射到 B 对偶空间几何中进行计算,摄像机内参数的标定与消隐点、消隐线之间亦存在着紧密联系,因此本书的一项研究内容为基于二维标定板图像空间几何关系基础上的高精度摄像机参数标定方法。在摄像机参数标定基础之上,进一步研究基于计算机视觉的单目式前车测距方法。

1.6 标准测试视频集及相关国内外主流杂志、会议

视频数据库对相关算法的研究与开发、性能测试与比较是非常重要的。伴随相关研究的不断发展与深入，国内外出现了多个各有研究侧重的公共视觉数据库，这些数据库的出现为相关视频与图像处理算法的性能评估提供了客观的依据。计算机视觉与图像处理的国际公认数据库众多，这里仅列出与本书内容相关的车辆标准测试视频集，研究中所涉及的视频、图像与数据大部分源于以下标准测试视频集：

（1）德国卡尔斯鲁厄大学视觉实验室的测试视频，如：dtneu_nebel、dtneu_schnee、dtneu_winter、kwbB、rheinhafen、dt_passat03，以上视频集的具体网址为：http://i21www.ira.uka.de/image_sequences/。其中 dtneu_nebel 的挑战在于：重雾、强遮拦场景下目标车辆行驶方向的突变。dtneu_schnee 的难点在于：暴雪天气场景下目标车辆行驶方向的突变，以及目标车辆周围相似车辆的干扰。dtneu_winter 的难点在于：强遮拦场景下目标车辆行驶方向的突变。kwbB 的挑战在于：连续强遮拦场景下目标车辆行驶方向、姿态与速度的改变。rheinhafen 和 dt_passat03 的挑战在于：连续弱遮拦场景下目标车辆行驶远近与姿态的剧烈变化。

（2）英国雷丁大学的公共视觉测试库，包括：PETS 测试系列、vision 测试集和 tas_videos 测试集。与车辆最为相关的是 tas_videos 测试集，tas_videos 测试集包括：tas_demo1、tas_demo2、tas_demo3、test1、test2 和 test3 测试视频，以上视频集的具体网址为：http://ftp.pets.rdg.ac.uk/tas_videos。其中 tas_demo1 的难点在于：视频中杂波的干扰，目标车辆行驶远近的变化与车辆阴影。tas_demo2 的挑战在于：目标车辆行驶方向的改变与行驶远近的变化。tas_demo3 的挑战在于：视频中杂波的干扰，遮拦场景下目标车辆行驶方向的改变与速度变化。test1、test2 和 test3 主要用于异常事件的检测与识别。

（3）加拿大多伦多大学的视觉研究课题组的测试视频集，包括 car4 和 car11 等车辆测试视频，具体网址为：http://www.cs.toronto.edu/~dross/ivt/。car4 的难点在于：视频中杂波与阴影的干扰，目标车辆行驶方向的改变与行驶远近的变化。car11 难点在于：路面灯光的反射干扰，车辆行驶速度的变化。

1.7 本书的结构安排

第一章为绪论部分，阐述本书的研究背景、相关的国内外研究现状、主要研究内容、研究采用的技术路线与方案等内容。

第二章分析了视觉目标车辆跟踪中的粒子滤波理论，阐述所提引入前帧加权采样的粒子滤波跟踪算法的原理，基于运动突变小球和标准测试视频进行了车辆跟踪实验；进一步分析了常见的粒子滤波重采样方法，并针对重采样进行了改进，提出引入残差信息的分层重采样，基于仿真与车辆视频进行了分析与计算；对于车辆跟踪中选用图像特征的问题，重点采用纹理特征进行了对比测试与实验。

第三章对比分析了 3 种常见增量主成分分析方法的原理与算法复杂度，针对光照强度突变、阴影与现场噪声扰动的车辆跟踪场景，采用子空间学习与更新机制，提出自相关矩阵 IPCA 视觉跟踪框架对目标车辆进行实时性跟踪，在运行时间与跟踪误差方面横向对比 Hall 和 Ross 的 IPCA 跟踪方法。

第四章针对李群与李代数理论、基于仿射群组的目标状态方程与系统测量方程进行了相关描述，提出基于群理论与特征子空间的视觉目标跟踪方法，就本章跟踪方法总体框架中关键要素：李群空间下 AR 过程的推广、雅可比矩阵 J 的链式推导计算和融入测量向量后粒子权值的计算等几个方面进行了阐述与推理，基于标准测试视频对比测试 IVT2008 和 Kwon2010 跟踪器的性能，从跟踪成功率与平均执行时间方面进行了实验与分析。

第五章阐述了目标车辆在经历强遮挡情况下，运用运动模板检测手段引导在线分类中正样本的搜索，在融合扩展 Harr-like 特征与 online boosting 算法的理论框架下提出 MT online boosting 算法，包括在线学习样本的检测定位、弱分类器的更新、算法的执行步骤。进一步阐述了半监督学习理论中关于样本相似度的原理，提出采用在线学习样本的正负性判别方法改进 online boosting 算法的原理，陈述了所提 SS online boosting 算法的执行步骤，从算法实时性与稳定程度的角度，对比分析了车辆受到轻、重度遮挡情况下 3 种在线识别算法的实验数据与性能。

第六章总结并描述欧氏空间和 B 对偶空间中点、线和面的映射关系与主要属性，首先针对 20 幅标定板图像自动检测与提取棋盘格图像角点，然后采用 B 对偶空间几何中关于消隐点的计算求取摄像机内参数初值，随后引入透镜畸变模型并非线性优化计算摄像机内参数，在标定基础上进一步对前车进行单目测距实验，并对比分析了理想摄像机模型与 OpenCV 的实验数据。

2 视觉目标车辆跟踪中粒子滤波算法的改进

2.1 粒子滤波简介

计算机理论研究的学者在统计与估计理论方面提出了序列蒙特卡洛的框架理论，并将其应用于贝叶斯模型、非参数统计和非线性估计等诸多方面。近年来，序列蒙特卡洛框架受到了越来越广泛的关注，不同学科的研究人员都对其产生了浓厚的兴趣。华裔学者 Jun S. Liu[21]经过多年研究于 2001 年出版了关于序列蒙特卡洛理论的英文专著，进一步推动了该理论的研究和发展。序列蒙特卡洛理论适用属于时间序列分析的非线性非高斯系统。

基于视频的运动目标跟踪与分析是目前计算机视觉领域研究的热点问题，而从视频或序列图像中识别运动目标的前提就是稳健并精确地跟踪预定目标。目标跟踪广泛地应用于视觉监控、交通自动检测、机器人视觉导航、国防军事等领域。根据不同场景下所跟踪目标的具体性质，目前有很多不同的目标跟踪方法，例如基于核估计理论的均值移位算法、基于概率统计理论的卡尔曼滤波算法、基于光流场的光流检测算法等。近几年，基于序列蒙特卡洛理论基础上发展起来的粒子滤波算法受到了越来越多的重视。粒子滤波算法首先用于视频的目标跟踪最初由 M. Isard 提出，后来 K. Nummiaro[22]等学者对其进行了进一步的实践探索。这种传统粒子滤波理论用在具体视频目标跟踪的时候，为了便于跟踪算法的执行引入了提议分布，从而导致跟踪的实际效果严重依赖目标的系统状态模型，这样就限制了粒子滤波算法在实用性方面的扩展。高社生提出的 Unscented 粒子滤波算法经过仿真测试后，虽然在精度和误差方面可以称为是粒子滤波方面的最优算法，但不可忽略的是 Unscented 粒子滤波算法在执行过程中需要经过 Unscented 转换，而 Unscented 转换则需要根据系统状态模型生成西格码点集。在视觉目标跟踪的方法中，针对渐变光线场景下利用目标颜色进行跟踪的难点问题，Jesús Martínez-del-Rincón 提出使用 Rao-Blackwellised 粒子滤波器以解决光照强度突变导致的目标颜色变化引起的跟踪失败，所提方法需要一组关于噪声与模型更新速度的相关参数。粒子滤波算法中重采样策略作为序列蒙特卡洛框架中的一个重要步骤，它是唯一独立于具体应用领域的关键环节。重采样策略的研究对于进一步推广蒙特卡洛理论在实际中的应用来说具有深远的意义，其研究本身也是对该理论体系的补充和完善。Han Hua、Zhao jing 分别利用遗传算法、蚁群优化算法提高采样的多样性与粒子滤波器的总体性能。跟踪特征的选择与评估对于目标跟踪来说也是十分重要的，在视觉目标跟踪的特征选择方面，Zhang Qi 提出采用 Harris 和 SIFT 点特征结合粒子滤波算法进行视觉目标跟踪，该方法仍然未能很好地解决跟踪过程中目标形变与噪声扰动带来的跟丢问题。Han Zhenjun 采用几种不同颜色特征进行目标跟踪的测试，对比实验显示如果采用具有"辨别力"的优良特征进行跟踪，即使在背景复杂的场景和没有采取任何抗扰动措施的情况下，跟踪器仍然具有较好的表现。

2.2 视觉目标跟踪中的粒子滤波理论分析

粒子滤波算法本质是通过蒙特卡洛模拟方法来实现递推贝叶斯滤波，利用以往时刻的状态估计目标的当前状态，算法适用于可以用状态空间模型表示的非线性系统。按照贝叶斯滤波理论，递推过程总体上分为预测和更新两个主要部分。假设 $x_t \in R^{n_x}$ 表示 t 时刻系统的状态向量，$y_t \in R^{n_y}$ 表示 t 时刻系统的观测向量，系统的状态方程如下式：

$$x_t = f(x_{t-1}, v_{t-1}) \tag{2.1}$$

式(2.1)中，v 向量表示过程噪声。系统观测方程如式(2.2)所示：

$$y_t = h(x_t, \mu_{t-1}) \tag{2.2}$$

式(2.2)中，μ 向量表示观测噪声。符号 $x_{0:t} = \{x_0, x_1, \cdots, x_t\}$、$y_{1:t} = \{y_1, y_2, \cdots, y_t\}$ 分别表示从 0 到 t 时刻的系统状态向量、从 1 到 t 时刻的系统观测向量。假定 $t-1$ 时刻概率密度函数 $p(x_{t-1}|y_{1:t-1})$ 为已知，在预测阶段使用 Chapman-Kolmogorov 方程[29]以获得 t 时刻的先验概率密度函数：

$$p(x_t \mid y_{1:t-1}) = \int p(x_t \mid x_{t-1}) p(x_{t-1} \mid y_{1:t-1}) dx_{t-1} \tag{2.3}$$

t 时刻当引入最新的观测值 y_t 后，通过式(2.4)更新先验概率密度函数[29]：

$$p(x_t \mid y_{1:t}) = \frac{p(y_t \mid x_t) p(x_t \mid y_{1:t-1})}{p(y_t \mid y_{1:t-1})} \tag{2.4}$$

式(2.4)中，$p(y_t|y_{1:t-1})$ 由式(2.5)引入计算：

$$p(y_t \mid y_{1:t-1}) = \int p(y_t \mid x_t) p(x_t \mid y_{1:t-1}) dx_t \tag{2.5}$$

式(2.5)中，$p(y_t|x_t)$ 依据式(2.2)系统观测方程提供。粒子滤波的关键思想

就是通过一组足够多的随机采样粒子点及其权值计算,以表征所需求的后验密度函数。在粒子点的权值计算上通过引入适当的提议分布以求取,比较典型的选择是令 $q(x_t^i|x_{0:t-1}^i,y_{1:t}) = p(x_t^i|x_{t-1}^i)$,则相应粒子点的权向量 w_t 的计算可以简化为:$w_t = w_{t-1} \cdot p(y_t|x_t)$。为了避免粒子退化问题引入了重采样阶段,例如典型的序列重要性重采样 SIR 算法,值得注意的是:仅仅当有效粒子尺度 η 较小的时候才执行重采样阶段,尺度 η 可以采用下式进行计算[30]:

$$\eta = \left[\sum_{i=1}^{N_P} w_t \cdot (x_{0:t}^i)^2\right]^{-1} \tag{2.6}$$

式中,N_P 为采样最大粒子数。

K. Nummiaro 的视频目标跟踪方法正是基于 SIR 算法,将 SIR 算法简单地归纳如下:

步骤一:输入部分,产生粒子集 $\{x_{t-1}^i,w_{t-1}^i\}_{i=1}^{N_P},y_i$;

步骤二:For $i=1:N_P$

——产生 $x_t^i \sim p(x_t|x_{t-1}^i)$

——计算每个粒子相应的权值 w_t^i:

$$w_t^i \propto w_{t-1}^i \frac{p(y_t|x_t^i)p(x_t^i|x_{t-1}^i)}{q(x_t^i|x_{0:t-1}^i,y_{1:t})} = w_{t-1}^i p(y_t|x_t^i)$$

End

规一化权值:$w_t^i = \dfrac{w_t^i}{\sum_{j=1}^{N_P} w_t^j}$;

重采样阶段;

步骤三:输出部分,$\{x_t^i,w_t^i\}_{i=1}^{N_P}$,再跳转到步骤一执行。

在实际的视觉跟踪过程中,重采样策略是其中的一个关键步骤和必不可少的环节,主要解决序列重要性采样过程中内在的样本退化问题。从实际应用的情况看,如果没有引入重采样策略,系统的预测结果往往发散或误差很大。实际环境下系统的状态与观测方程都极易受到噪声和突变因素的干扰,这些噪声和突变因素往往又是不规律和难以预测的,这样就必然造成系统状态向量 x_t^i 对应的权向量 w_t^i 在分布上的极度不均衡:即只有极小部分的权值不为 0,而大多数权值接近或等于 0。从后验概率的角度来分析,约为 0 的权值意味着系统的状态向量和先验预测向量之间的偏差较大,因而也要进行权值的重新取舍与分配。从计算复杂度的角度而言,将计算资源和时间浪费在大多数约为 0 的粒子上也是没有必要的。在粒子权值的计算中,针对系统的状态方程提出最优提议分布是一件十分困难的事情,在实际的应用中往往选择更容易执行的暂态优先分布 $p(x_k|x_{k-1})$ 作为提议分布。正

是在引入提议分布 $q(x_t^i|x_{0:t-1}^i,y_{1:t})=p(x_t^i|x_{t-1}^i)$ 后,传统 SIR 算法解决了权值的简化计算问题,为算法的可操作性奠定了基础。但这是在算法的操作层面上的一种优化计算,从理论的严谨性角度审视权值的计算,这种方法本质上是一种近似。由于选择提议分布 $p(x_k|x_{k-1})$ 后算法不可避免地严重依赖选定跟踪目标的系统状态模型,因而 SIR 算法用于实际的目标跟踪过程中,当选定跟踪目标的运动状态出现如无规律性地突然变向或变速等不规则状态的时候,跟踪过程往往会出现跟丢现象。其他严重依赖系统状态模型的粒子滤波算法在本质上也是面临同样的问题。如果不使用或依赖系统状态模型,当跟踪过程中出现目标与背景相似的情况时,粒子点可能分布在错误的采样区域上,错误分布的粒子点将迭代出权值更大的粒子点,进一步地诱导粒子点出现在错误的采样区域,从而很容易导致跟踪过程失败。克服这个难点问题的其中一个解决办法是使用辅助粒子滤波器 APF,依据最近的观测 APF 从重要性分布中产生粒子点,APF 的主要弱点是采样时需要依靠大量粒子进行繁殖。François Desbouvries 提出采用卡尔曼滤波器结合粒子滤波器的方法解决跟踪过程中运动目标的突变问题,由一个复杂的分级估计体系评判目标的运动状态,线性运动时由卡尔曼滤波器进行跟踪,而非线性运动时由粒子滤波器进行跟踪。粒子滤波视觉跟踪框架中,跟踪算法自身的改进、重采样策略的研究和跟踪特征的选择是 3 个主要方向,针对车辆序列图像跟踪就 3 个方面内容进行深入研究。

2.3　引入前帧加权采样的粒子滤波目标跟踪

在运动目标检测与跟踪的时候经常使用帧间差分法,这种方法就是利用相邻帧间的信息求差的手法来进行运动目标的检出。这给了我们一个提示:相邻帧间信息的关联性是最强的。在观察视频序列图像帧的时候,可以看出相邻帧间的信息有很大的相似性。本章提出一种改进的 SIR 算法,称为引入前帧加权采样的粒子滤波跟踪算法,具体的做法是:将前一帧 $t-1$ 时刻跟踪窗口的特征信息加权之后作为前帧加权采样因子,再累加前一帧 $t-1$ 时刻对当前帧 t 时刻的预测信息,以此作为对当前帧 t 时刻采样的目标窗口信息。这样操作的目的就是使得对当前帧的预测目标信息不用完全依赖于预测,且与前一帧跟踪窗口的信息有一定的关联性,以上思想可以用公式表达为:

$$s_t = (1-\alpha) \cdot s_{t-1} + \alpha \cdot e_{t-1} \qquad (2.7)$$

式(2.7)中,s 为跟踪的采样目标窗口信息,α 为加权因子,e 为预测信息。本算法在计算目标直方图时基于 RGB 颜色信息,为了提高跟踪目标的抗遮挡性,在计算目标直方图时采用了距离加权信息,即距离目标中心点越远的采样区域的像素信息具有相对更小的直方图权值,当存在遮拦情况时将降低对跟踪目标的影响与干扰。假设 d 为采样目标窗口中的某一像素与目标中心之间的欧式距离,ω_t 和 h_t 分别代表采样目标跟踪窗口的宽度与高度,δ 为直方图颜色加权信息。定义 $a=\sqrt{\omega_t^2+h_t^2}$,$r=(d/a)$,则 $\delta=1-\sqrt{r}$。将表征目标跟踪信息的向量 x_t 采用下式表述:

$$x_t = [\gamma_t \quad \tau_t \quad \omega_t \quad \rho_t \quad \dot{\gamma}_t \quad \dot{\tau}_t \quad \dot{\omega}_t \quad \dot{\rho}_t]^T \tag{2.8}$$

式(2.8)中,γ_t 和 τ_t 为目标中心点坐标,$\rho_t=(h_t/\omega_t)$ 为方向交比。表征目标的一阶运动方程如下[32]:

$$x_t = A \cdot x_{t-1} + \psi_{t-1} \tag{2.9}$$

式(2.9)中,ψ_{t-1} 为噪声信息,矩阵 A 如下式[10]:

$$A = \begin{bmatrix} I_4 & I_4 \cdot \Delta t \\ 0 & I_4 \end{bmatrix} \tag{2.10}$$

式(2.10)中,I_4 为 4×4 的单位矩阵,Δt 为时间步。现将引入前帧加权采样的粒子滤波跟踪算法的完整流程表述如下:

步骤一:读入第一帧图像,进行初始化采样。

确定选定跟踪目标中心的起始坐标、采样窗口大小和粒子数,并同时计算初始目标直方图 s_0,得到初始粒子集 $\{x_0^i, w_0^i\}_{i=1}^{N_P}$,其中 w 代表相应粒子的权值。

步骤二:读入下一帧图像的信息,判定 η 值的大小,当 η 值小于指定阈值时进行重采样处理。

① 计算概率 $P_{t-1}^i = P_{t-1}^{i-1} + w_{t-1}^i$,其中 $P_{t-1}^0 = 0$,$i=1\sim N_P$;进行归一化处理得到概率密度函数 PDF:

$$\text{PDF}_{t-1}^i = P_{t-1}^i / \sum\nolimits_{i=1}^{N_P} P_{t-1}^i (i=1,\cdots,N_P) \tag{2.11}$$

② 产生一个均匀分布的随机数 $\text{rand}(1,N_P)$,在原有的粒子集 $\{x_{t-1}^i, w_{t-1}^i\}_{i=1}^{N_P}$ 中进行重采样处理,得到新的粒子集:$\{x'_{t-1}, w'_{t-1}\}_{i=1}^{N_P}$;

步骤三:利用重采样后的粒子集进行繁殖。

利用一阶自回归模型进行目标状态的预测和更新,大多数的实际情况下目标在连续帧间的运动是匀速的,在目标状态的预测中采用匀速运动模型。但不同于以往匀速运动模型的是:本算法中目标的速度值会根据帧间运动目标的位置进行实时更新,而非恒定不变。这就从而保证了本算法在作实际跟踪的时候,可以跟踪速度和方向产生突变的运动目标。经过重采样后得到更新后的粒子集 $\{x_t^i, w_t^i\}_{i=1}^{N_P}$,该阶段在图像帧上显示预测的目标中心点。

步骤四:状态观测和估计阶段。

计算粒子点集$\{x_t^i, w_t^i\}_{i=1}^{N_P}$中每个粒子对应的目标直方图和上一轮计算出的预测目标直方图s_{t-1}之间的权重,产生预测信息e_{t-1}。在计算两个直方图权重的过程中具体采用如下步骤:

① 计算两个直方图的巴特查里亚系数μ,计算$g = \sqrt{1-\mu}$;

② 利用式(2.12)计算两个直方图之间的权重系数w_t:

$$w_t = \frac{1}{\mu \cdot \sqrt{2\pi}} \cdot \exp\left(-\frac{g^2}{2 \cdot \sigma^2}\right) \tag{2.12}$$

试验中σ取0.2,利用两帧之间的预测信息e_{t-1}更新目标中心点的运动速度,将其作为下一轮进行目标状态预测的依据。

步骤五:引入前帧加权采样信息。

依据提出的引入前帧加权采样的方法,利用公式(2.7)更新目标直方图,从而得到下一轮计算所需的目标直方图s_t,试验中加权因子α取0.2。

步骤六:转到步骤二执行。

图 2.3.1(见彩图)为采用粒子滤波SIR算法跟踪一个下落并弹跳着的绿色网球的测试结果,实验中粒子数N取500,实验图像大小为300像素×240像素。

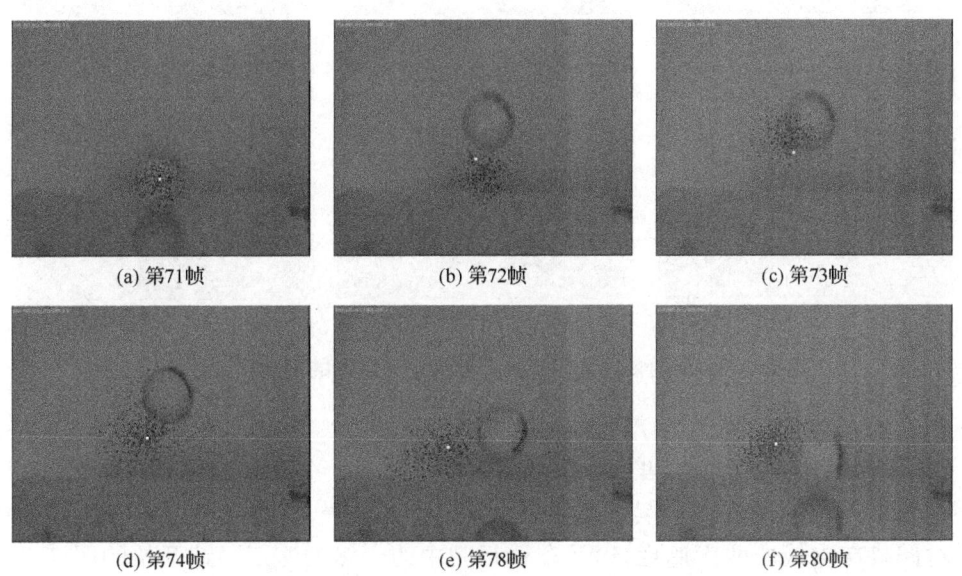

(a) 第71帧　　　　　(b) 第72帧　　　　　(c) 第73帧

(d) 第74帧　　　　　(e) 第78帧　　　　　(f) 第80帧

图 2.3.1　采用粒子滤波SIR算法的网球跟踪结果

图 2.3.1各图像帧中的白点表示预测的目标中心位置,蓝色粒子点表示每个可能的目标中心位置。从图 2.3.1(c)可见,在第73帧时SIR算法还可以勉强跟踪

上,但图 2.3.1(d)第 74 帧的情况说明目标已经跟丢,图 2.3.1(f)第 80 帧的时候可以明显看到粒子点发散,跟踪过程失败,预测粒子点不能反映实际的运动情况。图 2.3.2 为采用引入前帧加权采样的粒子滤波算法的跟踪测试结果,图 2.3.2(a)~(f)为第 71、72、73、74、78、80 帧的跟踪结果,实验中粒子数 N 取 500。可以看出在第 72 帧中,由于网球上跳而导致预测目标点和实际情况有所偏差,但在接下去的第 73 帧中,预测点基本准确地反映了目标的实际位置,在第 74 帧预测点进一步地准确锁定目标位置。在接下去的第二次反弹中,从第 78 帧和第 80 帧的情况可以看到预测点十分准确地跟踪住目标,采用前帧加权采样的粒子滤波算法不需要受系统状态模型的约束。图 2.3.3 和图 2.3.4 为采用本书所提方法预测的目标中心点坐标,从中可以明显看出网球的运动规律,图 2.3.4 中网球纵坐标的变化情况正说明了网球的两次起落情况。

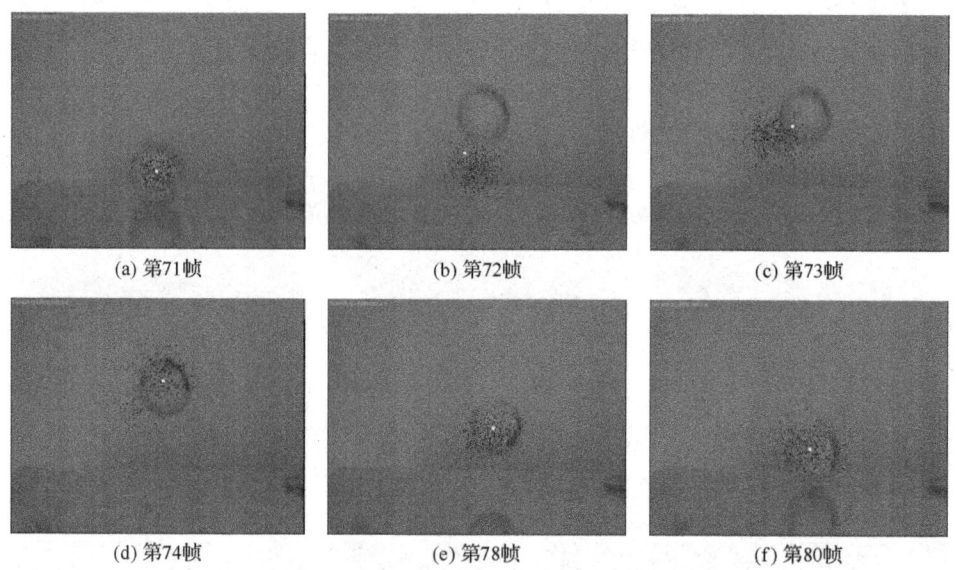

图 2.3.2 采用前帧加权采样的粒子滤波算法的网球跟踪结果

图 2.3.5(见彩图)是采用前帧加权采样粒子滤波方法对标准测试数据集 dtneu_winter 的车辆跟踪测试结果,实验中选取粒子数 300 个,用绿色的椭圆框设定待跟踪的车辆,用蓝色的"+"号表示各预测粒子点的位置,实验的难点在于目标车辆经过路桩与电线的两次遮拦,以及车辆行驶中的突然加速。跟踪开始的图 2.3.5 (a)第 4 帧图像中粒子点较为分散,跟踪框选定在待跟踪的轿车上。跟踪至图 2.3. 5(b)第 7 帧时,粒子点已经大为收敛,但由于飘雪和噪声的随机扰动作用,还是有少数粒子超出了跟踪框的范围。图 2.3.5(c)第 220 帧,由于前帧加权采样的作用粒子点已经集中收敛在跟踪车辆上,表现出本算法的良好抗噪性。第 250~280 帧

反映出本算法的抗遮挡性能,第 250 帧时车辆穿越路桩,图 2.3.5(e)第 280 帧可以看出由于路桩的干扰有少部分粒子点停留在路桩的顶部,但是粒子点的绝大部分还是跟随在车辆上。图 2.3.5(f)第 297 帧,车辆加速穿越了几排电线的干扰,跟踪框成功地锁定在目标车辆上,粒子点也全部收敛在跟踪框内。

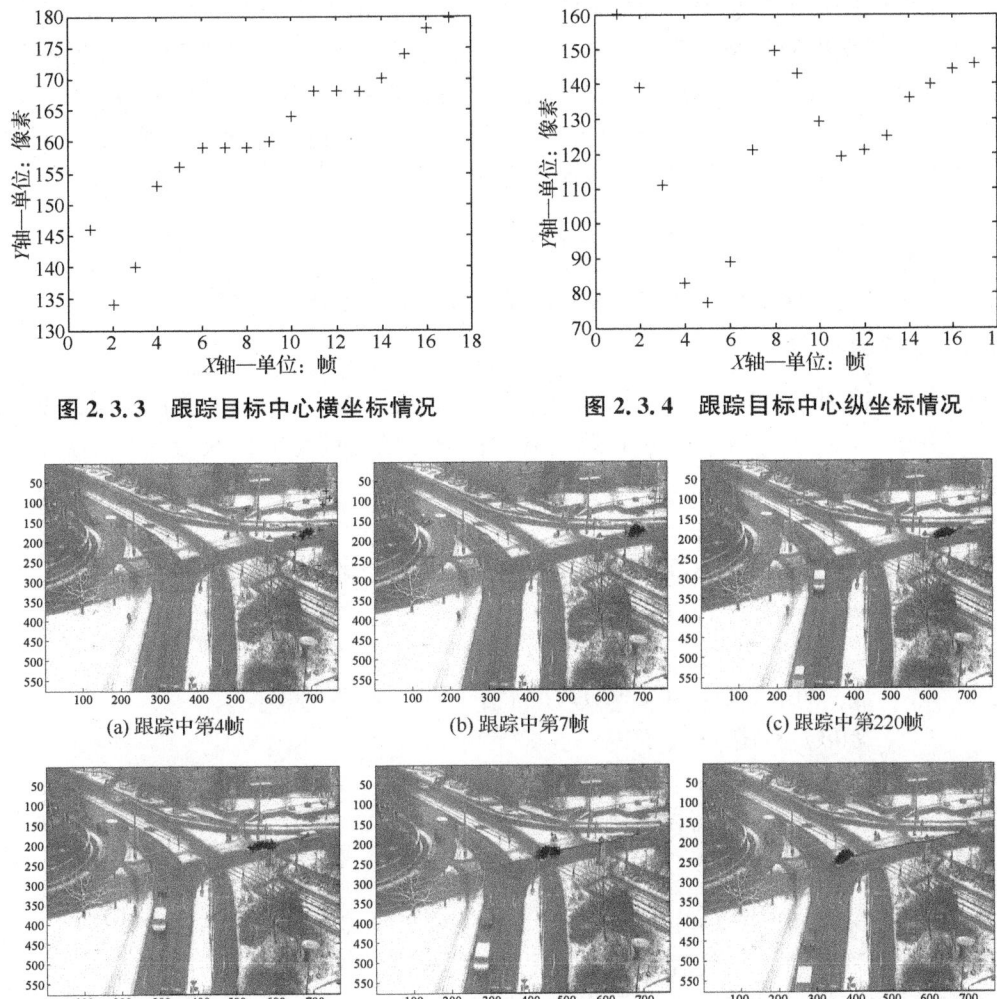

图 2.3.3　跟踪目标中心横坐标情况　　　　图 2.3.4　跟踪目标中心纵坐标情况

(a) 跟踪中第4帧　　(b) 跟踪中第7帧　　(c) 跟踪中第220帧

(d) 跟踪中第250帧　　(e) 跟踪中第280帧　　(f) 跟踪中第297帧

图 2.3.5　数据集 dtneu_winter 的跟踪结果

2.4 引入残差信息的分层重采样

多项式重采样算法[21]基本解决了粒子集的退化问题,为序列蒙特卡洛理论在实际中的应用奠定了基础。随后的若干年有学者提出了改进的重采样策略,其中就有邹国辉提出的一种组合重采样方法,其算法复杂度较高且需要动态调整采样参数,因而缺乏普适性。为解决粒子退化现象同时避免采样样本的贫化问题,Cao Bei 在粒子滤波框架下提出一种 Fine 重采样技术,相对传统重采样而言在模型估计的准确性与采样粒子的多样性方面均有所提升。

2.4.1 目前几种典型的重采样策略

现将目前序列蒙特卡洛理论典型的重采样策略作如下的分析:

1) 多项式重采样

多项式重采样 Multinomial Resampling 是最早提出的重采样,算法步骤如下:
步骤一,在[0,1]区间内产生 N 个独立同分布的随机变量 U 集合。
步骤二,求权值集合 $\{w_k^i\}$ 的累积分布函数 CUM,i 取 $1\sim N$,k 为重采样对应时刻。
步骤三,j 的初值为 1,Nb 表示存放粒子复制数目的数组,其初值为零。
  针对 $i=1\sim N$ 作以下循环:
  {
    如果 $U(i)>$CUM(i),j 自增 1;否则,j 保持不变;
    $Nb(j)$ 自增 1;
  }
步骤四,根据 Nb 更新权值集合 $\{w_k^i\}$。

2) 残差重采样

残差重采样[21][33]Residual Resampling 是对多项式重采样的一种改进和提高,基本思想是通过引入残差信息来提高重采样的效率。该算法通过引入当前粒子集权值的残差来构建累积分布函数 CUM:

$$CUM = (N\times w_k^i - \lfloor N\times w_k^i \rfloor)/(N - \sum_{i=1}^{N}(\lfloor N\times w_k^i \rfloor)) \qquad (2.13)$$

式(2.13)中 i 取 $1\sim N$、k 是重采样对应的时刻、$\lfloor \rfloor$符号表示取整。从式(2.13)中可以看出:累积分布函数 CUM 的求取与多项式重采样不同,并非由粒子集的权值直接求取,而是引入了残差信息尽可能地提高了采样的合理性,该重采样的其余步骤类似多项式重采样。

3）确定性重采样

确定性重采样[33]Deterministic Resampling 通过引入分级随机数的集合来提高重采样的效率,避免了无保留地舍弃低权值粒子从而可以避免样本贫化现象,确定性重采样具体算法步骤如下:

步骤一,同多项式重采样的步骤二。

步骤二,在[0,1]区间内产生一个随机数 R,产生集合 $U=\{R/N,(R+1)/N, \cdots,(N-1+R)/N\}$。

步骤三,依次同多项式重采样的步骤三和步骤四。

2.4.2 引入残差信息的分层重采样算法步骤

分层重采样[21]Stratified Resampling 的主导思想是对多项式重采样进行改进,将无序的随机数集合变成有序的随机数集合。算法中针对[0,1]区间内的随机数进行逐级分层,在每个子区间内逐层产生独立同分布的随机数,从而提高重采样的效率。在研究上述的几种典型重采样后,经过对分层重采样算法的改进试验,提出一种引入残差信息的分层重采样策略,其算法步骤表述如下:

步骤一,引入权向量的残差信息,利用当前权向量的残差求累积分布函数 CUM,该步见式(2.1)所示。

步骤二,针对[0,1]区间进行 N 级分层,N 为粒子数。在区间[0,1/N]∪…∪[(N-1)/N,1]内逐层产生独立同分布的随机数,从而产生有序的随机数集合 U。

步骤三,$j=1$,Ns 表示存放粒子复制数目的数组,数组初值清零。

    针对 $i=1\sim N$ 作以下循环:

{

如果 $U(i)>$CUM(i),j 自增 1;否则,j 保持不变;

$Ns(j)$ 自增 1;

}

步骤四,根据 Ns 更新权值集合,得到重采样后新的权值集合 $\{w_k^i\}$。

2.4.3 引入残差信息的分层重采样的仿真研究

假定仿真系统的过程噪声和观测噪声都是高斯噪声,时间步取 $1\sim 100$,采样粒子数取 300,$x(0)$ 取 10,仿真试验在 Matlab7.1 平台下进行。仿真系统的状态方程为:

$$x(t) = x(t-1) + 12 \times \frac{x(t-1)}{1+x(t-1)^2} + 4 \times \cos(1.2 \times t) \qquad (2.14)$$

仿真系统的观测方程为：

$$y(t) = \frac{x(t)^2}{20} \qquad (2.15)$$

试验相关的数据如图 2.4.1(a)~(d)(见彩图)所示,图 2.4.1(a)中显示的是时间步 1~100 内状态向量 x 的实际值和估计均值,分别采用绿色圆点和红色星形符表示。从该图可以看出:通过引入残差信息的分层重采样的作用,在大约 10 步以后 x 的估计值已经完全逼近其实际值。从图 2.4.1(b)也可以看出:经过本章改进的重采样策略后,x 的后验估计均值可以准确地反映向量 x 的实际值,这充分说明了本章改进重采样策略的有效性。截取 $t=2$ 时刻,重采样前各粒子点的权值数据如图 2.4.1(c)所示,从中可以看出重采样前的权值分布情况:大部分粒子的权值接近于 0,而最大的粒子权值也不超过 0.015,这也从实际数据角度佐证了重采样的必要性。图 2.4.1(d)显示出重采样前后向量 x 的估计值,红色圆点显示的是重采样前向量 x 的估计值,蓝色"+"字符显示的是重采样后向量 x 的估计值,从图 2.4.1(d)中可以看出:重采样前数据点分布在(-10,10)这一区间内,数据点的分布极为分散;重采样后数据点的分布较为集中,其中出现了多个数据点重叠的现象说明:经过重采样后,权值较小的粒子点对应的 x 向量的估计值被忽略,而相应地增加了权值较大的粒子点对应估计的权重。

图 2.4.1(e)显示的是各时间步下状态 x 向量与概率 $p(x(t)|y(1:t))$ 的关系曲线,图 2.4.1(f)显示的是各时间步下观测向量 y 与概率 $p(y(t)|y(1:t-1))$ 的关系曲线。对比本章提出的改进重采样和其他几种重采样的系统误差得到表 2.4.1,表 2.4.1 中符号 PME 表示后验均值误差,MSE 表示均方差。

从表 2.4.1 中的误差数据来看,本章提出的改进重采样策略在几种重采样策略中性能是最好的。分析其原因,本章提出的重采样策略在算法的步骤中集成了残差重采样和分层重采样各自的优点,既通过引入权向量的残差信息来构建合理的累积分布函数又通过分层的手段来获取有序的随机数集合,因此降低了重采样的系统误差并且提高了采样的效率,通过分析和图表数据可以看出本章提出的重采样是对多项式重采样的进一步优化并且较为明显地降低了系统误差。

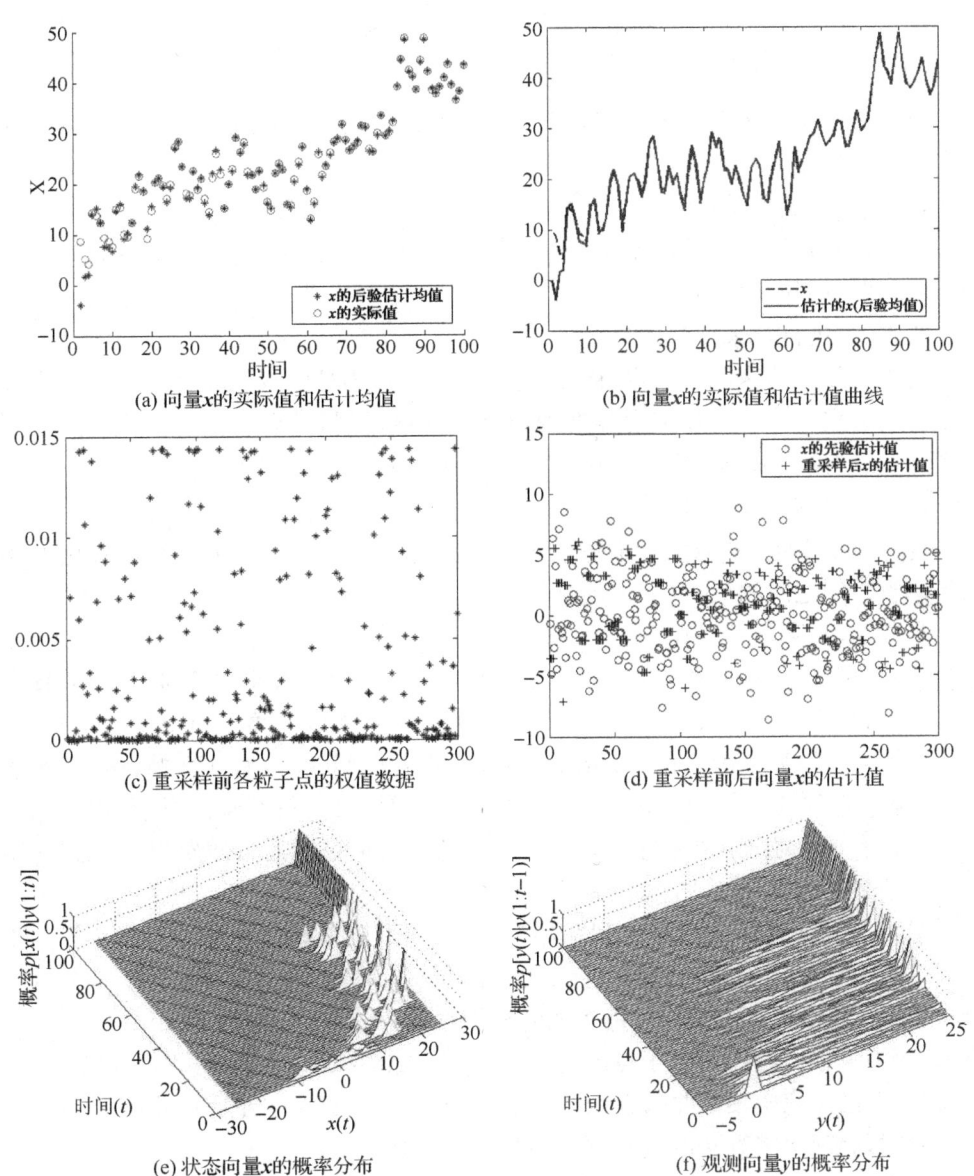

图 2.4.1　引入残差信息的分层重采样的仿真数据图

表 2.4.1　本章重采样和其他几种重采样的系统误差

误差\采样策略	本章的重采样	多项式重采样	残差重采样	分层重采样
PME	0.179 5	0.188 5	0.186 8	0.187 0
MSE	0.814 6	1.238 2	1.115 4	1.024 5

2.4.4　本章改进的重采样在运动车辆跟踪中的实际测试

将本章提出的新型重采样嵌入到 SIR 算法中以检验实际视觉跟踪效果，跟踪框架总体上属于 SIR 算法，现将完整跟踪算法流程表述如下：

步骤一，初始化采样。

选定初始目标中心的起始坐标、采样窗口大小和粒子数，并计算初始目标直方图 s_0，得到初始粒子集 $\{x_0^i, w_0^i\}_{i=1}^N$。

步骤二，进行重采样处理。

为提高跟踪的速度和效率，初始化重采样阈值，当粒子权值较低时应用引入残差信息的分层重采样进行重采样处理，利用一阶自回归模型进行目标状态的预测和更新，经过预测和更新后得到新的粒子集 $\{x_t^i, w_t^i\}_{i=1}^N$。

步骤三，状态观测和估计。

计算粒子点集 $\{x_t^i, w_t^i\}_{i=1}^N$ 中每个粒子对应的目标直方图和上一轮计算出的预测目标直方图之间的权重，产生预测信息。

步骤四，转到步骤二执行至跟踪结束。

本实验程序采用的硬件平台是：AMD Athlon 4000＋双核处理器、512 MB 内存。软件程序采用 Matlab7.1 版本编程实现。标准测试视频"dtneu_nebel.mpg"来源于德国卡尔斯鲁厄大学的视觉实验室，视频格式 MPG，共计 125 帧，768 像素×576 像素。选取粒子数为 1 000 个，用绿色的椭圆框设定待跟踪的车辆，用蓝色的"＋"字符表示各粒子点的位置，引入残差信息分层重采样后的跟踪算法得到的实际测试结果如图 2.4.2（见彩图）所示。

图 2.4.2(a)所示是视频序列初始帧的原始图像，我们要跟踪的目标车辆是重雾天气条件下一辆白色的轿车，目标中心初始位置在(200,160)像素处。图 2.4.2(b)所示是第 1 帧初始选定跟踪目标车辆时粒子点较为分散。到第 2 帧如图 2.4.2(c)所示，因为重采样的作用粒子点已经大为收敛。如图 2.4.2(d)所示跟踪到第 70 帧时，粒子点已经完全集中收敛在跟踪车辆上，并且跟踪克服了重雾的干扰和路牌的完全遮挡，表现出本算法的良好抗噪性和抗遮挡性能。图 2.4.2(e)所示是克服了方向的突变和路面白色地标线的干扰后车辆最终成功地被跟踪的场景。图 2.4.2(f)反映的是各帧车辆的方向曲线，该图同样说明了本章跟踪算法和重采样策略在 SIR 跟踪过程的成功。图 2.4.2(g)和图 2.4.2(h)是没有采用重采样策略的粒子滤波跟踪算法第 1 帧与第 2 帧的结果，分别对比图 2.4.2(b)和图 2.4.2(c)可以看出：由于没有采用重采样，第 1、2 帧粒子点的分布极为分散。如图 2.4.2(i)所示，到第 70 帧时粒子点完全发散，跟踪框在经历了随机的杂乱运动后完全偏离了目标车辆。以上视觉跟踪测试结果充分地说明了重采样策略在跟踪算法中的作用以及

本章所提重采样策略的有效性。

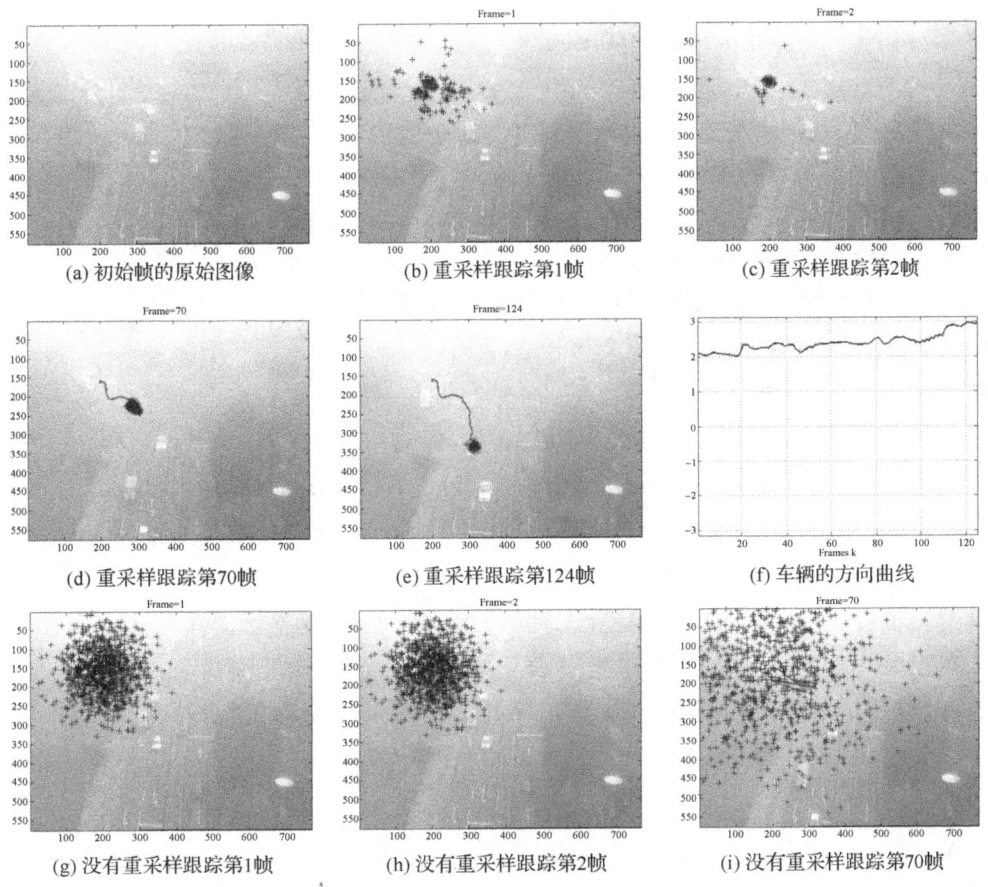

图 2.4.2 dtneu_nebel 数据集的跟踪试验图像

2.5 视觉车辆跟踪中的特征选择与分析

视觉车辆跟踪中特征的选择是重要的一个环节,对于待跟踪目标而言特征应具备鉴别性与唯一性。王鑫提出采用目标亮度复合边缘特征,在一种自适应综合跟踪框架下解决红外图像中的跟踪稳健性问题。Han Zhenjun 采用颜色直方图和梯度方向直方图的跟踪方法,分别利用卡尔曼滤波和粒子滤波的跟踪框架针对野外、公路上的运动车辆进行跟踪与评估。Wei 采用一种自适应运动直方图技术,充分利用场景中的光线变化提取并分割序列图像中的运动车辆。

2.5.1 本章所用纹理特征

(1) 基于灰度共生矩阵的纹理特征

R. Haralick 提出了一种称为灰度空间共生矩阵[38] (SGLC-OM)的模型概念,这种模型假定图像中像素间的空间分布隐含着图像的纹理信息,本章采用的基于灰度共生矩阵的纹理特征是灰度差值共生矩阵。如图 2.5.1 所示,假设位于位置 5 上的像素灰度值为 $G_{x,y}$,其中横向为 x 方向,纵向为 y 方向。针对选中 $M \times N$ 像素大小的跟踪目标区域灰度图像的每个像素作如下运算:分别求取 $45°$、$135°$、$90°$ 和 $0°$ 方向上像素值灰度之差,也即:

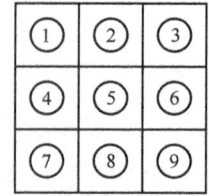

图 2.5.1 像素分布图

$$G1(x,y) = G(x+1, y+1) - G(x-1, y-1),$$
$$G2(x,y) = G(x-1, y+1) - G(x+1, y-1)$$
$$G3(x,y) = G(x, y+1) - G(x, y-1),$$
$$G4(x,y) = G(x+1, y) - G(x-1, y) \quad (2.16)$$

根据式(2.16)得到 $G1$、$G2$、$G3$ 和 $G4$ 共四个灰度差值共生矩阵。此时提取的灰度共生矩阵并不能直接作为纹理分析的特征量进入后续流程的跟踪算法,而必须进行二次统计量的计算,考虑到算法执行的效率与速度,采用和均值 $G5$ 矩阵:

$$G5(x,y) = [G1(x,y) + G2(x,y) + G3(x,y) + G4(x,y)]/4 \quad (2.17)$$

式(2.17)中,$x=1:M$,$y=1:N$。根据式(2.17)将提取出的区域纹理信息参与到 2.5.2 部分的视觉车辆跟踪流程中。

(2) 基于局部二进制模式的纹理特征

基于局部二进制模式的纹理 LBP 特征[39]在本质上是一种点样本计算方法,某像素点的纹理信息通过与周围邻域像素点的相关运算得到。基于局部二进制模式的纹理特征在模式识别和分类、图像检索领域内的研究十分活跃,已经成为一个研究的热点问题。其突出的特点是对光照和灰度变化的不敏感性、计算速度快、描述纹理结构简洁和特征选择性较强等。但基于视频的可见光跟踪领域,LBP 纹理特征有怎样的表现仍然需要进一步地通过实验加以验证。以图 2.5.1 为例,说明 LBP 纹理特征的计算方法。计算位置 5 上像素的 LBP 值,需要将其与邻域位置 1、2、3、4、6、7、8 和 9 位置上像素的灰度值之间进行计算。假设像素的局部区域用 (P,R) 描述,P 代表邻域像素的数量,R 代表中心像素与邻域像素的距离。以图 2.5.1为例,则 $P=8$、$R=1$,于是像素 5 位置上坐标值 (x_c, y_c) 的 LBP 纹理可以表

达为式(2.18):

$$\mathrm{LBP}_{PR}(x_c, y_c) = \sum_{P=0}^{P-1} S(g_P - g_C) 2^P \qquad (2.18)$$

式(2.18)中，g_P 为以 (x_c, y_c) 为中心点、邻域为 R 的第 P 个像素的灰度值，g_C 代表中心点 (x_c, y_c) 的灰度值。当 $g_P \geqslant g_C$ 时，$S(g_P - g_C)$ 取 1；$g_P < g_C$ 时，$S(g_P - g_C)$ 取 0。通过计算选中跟踪目标区域内每个像素点的 LBP 纹理值，从而可以得到区域纹理矩阵，然后再通过计算 LBP 纹理直方图将提取出的区域纹理信息嵌入到 2.5.2 部分的跟踪流程中。

2.5.2 车辆跟踪算法流程、试验结果与分析

为了避免粒子退化问题引入了重采样，本部分采用粒子滤波算法 SIR 算法。本章采用灰度颜色特征和上文提到的两种纹理特征对运动车辆进行目标跟踪试验。试验中采用的跟踪算法的总体框架是一样的，不同点只是在于跟踪区域中特征选取的不同。为了突出特征的选择对跟踪结果的作用，粒子滤波跟踪框架本身没有采取任何抗遮挡的特殊处理。将视觉车辆跟踪系统的执行流程表述如下：

步骤一，初始化。选取跟踪目标和中心点坐标，设定跟踪窗口的大小为 $M \times N$（16×8）像素，取粒子数量为 60 个。

步骤二，获取图像帧数据。即从视频流中获取下一帧图像，并进行图像的转换。为提高本算法的执行速度和系统实时性，在本步将彩色图像转换为灰度图像进行处理。

步骤三，判断是否是初始帧。如果是转到步骤四执行，否则转到步骤六执行。

步骤四，根据初始化坐标和窗口获取跟踪区域信息，计算跟踪目标的相应灰度图像信息。同时，根据目标初始位置和大小初始化粒子滤波器的相关参数信息。

步骤五，判断视频流是否结束。如果视频流结束到步骤八执行，否则转到步骤二执行。

步骤六，进行粒子滤波主流程处理。

步骤七，根据预测信息得到预测目标的灰度图像直方图。在图像中标定跟踪目标的预测位置，至步骤五执行。

步骤八，结束跟踪流程。

对于实验中采用的纹理特征的提取与嵌入，在算法流程的步骤四和步骤六中进行。在步骤四阶段对获取的灰度图像进行处理，根据初始化目标中心和跟踪窗口的大小，采用式(2.17)或式(2.18)对区域灰度图像进行转化，从而得到跟踪目标的初始纹理直方图。步骤六粒子滤波主流程处理中，计算上一轮预测的目标纹理

直方图与当前观测状态的目标纹理直方图之间的巴特查里亚系数 $\mu^{[40]}$，进而调整粒子集权重。

针对中科院标准视觉视频流进行测试，视频格式为 AVI 类型、总帧数为 222 帧，图像大小为 320 像素×240 像素，拍摄速率是 25 帧/秒。本组实验目的是稳健跟踪测试视频中的一辆白色轿车，该车在行进中受到白色路灯的遮挡。初始化阶段，设定跟踪窗口的大小为 16 像素×8 像素，粒子数量为 60 个。为统一跟踪的框架和标准，基于三种纹理信息和一种颜色信息的特征提取均在灰度图像下进行。本组实验程序采用的硬件平台是：AMD athlon 4000＋双核处理器、512 MB 内存。软件程序采用 Visual C＋＋6.0 结合 OpenCV1.0 编程实现。

车辆跟踪的结果显示如图 2.5.2 所示，第一行图像序列图 2.5.2(a)、(d)、(g)、(j)是基于灰度共生矩阵纹理特征的跟踪结果，第二行图像序列图 2.5.2(b)、(e)、(h)、(k)是基于局部二进制模式纹理特征的跟踪结果，第三行图像序列图 2.5.2(c)、(f)、(i)、(l)是基于灰度颜色特征的跟踪结果。选取具有典型性的第 1、19、31、40 共 4 帧图像来展示跟踪的结果。从第 1 帧可以看出初始设定的跟踪框都锁定在待跟踪车辆上。第 19 帧是目标车辆即将受到白色路灯遮挡前一刻时的场景。可以看出跟踪框基本都锁定在目标车辆上，这说明在没有受到干扰时，灰度共生矩阵纹理特征、局部二进制模式纹理特征和灰度颜色特征的表现是稳健的。第 31 帧是目标车辆经过路灯遮挡后的场景，基于灰度共生矩阵纹理特征和基于灰度颜色特征的跟踪表现较好，跟踪框的大部分锁定在车辆上。基于局部二进制模式纹理特征的跟踪则基本上跟丢，跟踪框锁定在与车辆同为白色的路灯上。第 40 帧基于灰度共生矩阵纹理特征的跟踪表现得十分优秀，跟踪框完全地锁定在目标车辆上。对于基于局部二进制模式纹理特征的跟踪，跟踪框仍然还是锁定在路灯上。对于基于灰度颜色特征的跟踪，跟踪框基本锁定住目标车辆。

将每一帧的偏离误差取绝对值累积得到横、纵向跟踪总误差，如表 2.5.1 所示，同时将三种特征跟踪的误差信息和处理时间列在表 2.5.1 中。算法复杂度方面，三种特征跟踪在关于特征提取与计算上的算法复杂度均为 $O(M\times N)$。从表 2.5.1 中可以看出：在处理时间上三种特征跟踪的处理时间较为接近，40 帧的处理时间均在 3 秒内，每一帧的处理时间为 0.07 秒左右，处理速度可以达到 14 帧/秒左右，满足实时性的要求。其中，灰度共生矩阵纹理跟踪的处理时间为 0.068 9 秒/帧，略高于灰度颜色直方图跟踪的处理时间 0.067 6 秒/帧，究其原因主要是：在计算目标纹理直方图时，灰度共生矩阵纹理跟踪需要经过式(2.16)和式(2.17)两步计算，但这点时间损耗并不会影响到算法总体的实时性。从表 2.5.1 数据的误差分析上来看，结论与图 2.5.2(c)和图 2.5.2(d)的分析是一致的。

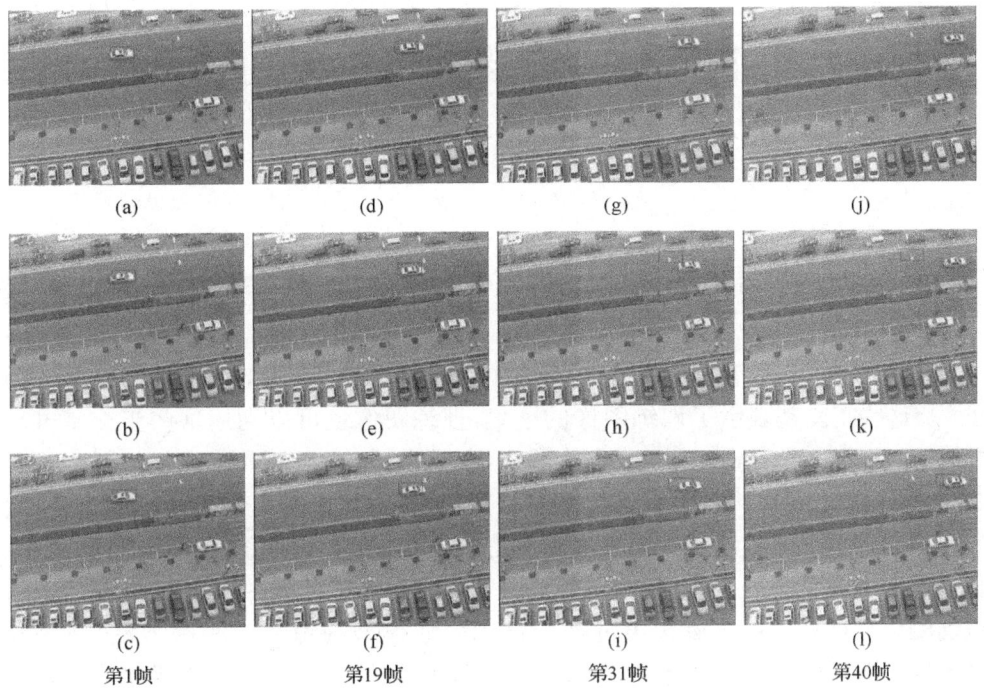

(a)	(d)	(g)	(j)
(b)	(e)	(h)	(k)
(c)	(f)	(i)	(l)
第1帧	第19帧	第31帧	第40帧

图 2.5.2　三种特征的跟踪图像序列对比结果

表 2.5.1　跟踪的误差信息和处理时间

特征类型/参数	40帧横向总误差（像素）	40帧纵向总误差（像素）	横向平均误差（像素/帧）	纵向平均误差（像素/帧）	40帧的运行时间（秒）	平均处理时间（秒/帧）
共生矩阵纹理	379	55	9.475	1.375	2.756	0.068 9
LBP 纹理	804	159	20.1	3.975	2.848	0.071 2
灰度颜色直方图	401	42	10.025	1.05	2.704	0.067 6

3 子空间学习框架下的实时车辆图像跟踪

3.1 基于图像的子空间学习在车辆跟踪中的研究背景

子空间表示方法以小数量正交基符号的形式提供图像集合的紧凑近似描述[41],这些正交基表示了训练图像的子集,训练图像也可以利用这些正交基进行重构,以往子空间表示方法主要在人脸识别等领域被广泛研究。在长时间图像跟踪序列中,子空间重构技术在具体面对如目标尺度、场景噪声及光线亮度的变化、目标旋转等情况时其细节处理方法并不是一成不变的。以往的子空间方法一般只基于固定图像集合进行测试,例如人脸识别中通常基于标准图像 YELU 库等进行识别测试。虽然一些文献提出过基于目标表面模型的识别与跟踪方法,但是在线子空间学习与更新技术仍然在较少的文献中被提及[42]。在实际跟踪过程中,尤其当原始图像受到随机噪声扰动或目标受遮挡时,并不单一追求重构后的精度问题,而应从稳定程度和处理速度方面保证跟踪系统具备较为理想的跟踪效果[43]。

近几年在视觉目标跟踪领域方面,从待跟踪目标的静态子空间表示到动态学习子空间方法均有文献提出,其中包括基于图论的学习子空间、黎曼子空间、数据驱动的约束子空间和张量子空间等[44],这些子空间学习方法基本均采用自适应子空间学习机制,在跟踪的性能上相对静态子空间跟踪方法有所提高,但当目标受到遮挡时仍然缺乏有效的手段以防止目标跟丢。W. Hu 和温静提出一种基于 SVD 的在线张量分解的视觉目标跟踪框架,该跟踪框架依赖图像矩阵技术且考虑到图像空间信息布局,利用 R-SVD 分解技术增量性地更新张量模式的采样均值与子空间,然而为实现跟踪过程中的实时要求,将较小特征值对应的特征向量抛弃从而导致特征结构的计算并不准确,在长时间跟踪过程后由于跟踪误差的累计导致张量子空间偏离跟踪目标。受到人脸识别方法的启发,稀疏表示作为一种有效的识别符号被用于视觉跟踪方面,X. Mei 提出一种基于表面模型的稀疏表示方法,在采用 L1 最小化的基础上将待跟踪目标模板表达为稀疏线性库形式,尽管观测样本与目标模板之间具有最优的重构误差,但是较大的计算代价阻止了该方法在实际中的进一步应用。Zhang shengping 采用稀疏表示结合粒子滤波构建在线跟踪模型,待跟踪目标的线性子空间系统由目标模板、相应背景模板和在线学习误差基向量3个部分构成,基于标准视频的测试说明:该稀疏表示模型可以抵御来自于目标表面的变化,但由于需要3部分子空间共同描述待跟踪目标的特征符号,从而导致总体跟踪算法较为耗时。针对部分遮拦与光照变化条件下的目标跟踪,Ming-Che Ho 采用一种加权增量 PCA 构建自适应 RW 线性子空间,同时将待跟踪目标分为 $k \times k$ 个独立区域,在跟踪过程中独自跟踪各自区域以克服部分遮拦带来的目标跟丢难题。

在车辆跟踪过程中,由于实际场景中存在随机噪声与光照强度的变化,现有的一些算法尽管在设计上采用了合理的预测机制或跟踪特征,但是仍然不能有效地跟踪住预定目标车辆。目前的多数跟踪算法在跟踪任务开始之前就已经构造好待跟踪目标的区域特征,利用不变的特征应对跟踪过程中光线、摄像机视角和目标姿态等多种因素造成的目标区域图像的实时变化。这种先检测再跟踪的传统方法经常造成跟踪过程中的不稳定或跟丢目标等现象。另一类跟踪方法则是在实际车辆跟踪过程中完全存储或尽可能地保留目标车辆所有的相关图像数据,由于受到算法复杂度与设备存储容量的限制,虽然在实验室理论仿真平台上可以达到较高的跟踪精度,但在实际目标跟踪项目中,出于对跟踪实时性与硬件存储限制的考虑这也是不切实际的一种做法。本章目标跟踪框架中,并不依靠预先训练数据,也不同于传统 PCA 处理方法,将代表目标车辆图像的子空间更新与在线实时学习嵌入到传统跟踪预测算法框架中[50],以解决上述存在的实时跟踪难点问题。通过不断抛弃旧帧采集新帧进行实时学习目标车辆子空间特征的做法,这种 IPCA 子空间学习与更新技术可以反映出运动目标车辆表面的实时变化,可以利用新帧对图像子空间进行增量性的学习[51]。在本章实验中,对比分析实时车辆跟踪中的速度与跟踪精度指标,在一致的跟踪预测框架下横向测试主流增量性子空间学习方法对跟踪系统的影响。

3.2 增量主成分分析 IPCA 方法

在实际车辆跟踪过程中,并不是所有输入图像都可以预先给定。由于机器存储容量的约束,实时丰富的数据帧也不能被批处理方式进行处理,鉴于以上这些原因,基于增量更新理论的不同类型增量方法在相关文献中被提出。传统批处理式 PCA 方法与 IPCA 方法在计算特征空间上有着明显的不同,传统 PCA 方法同时一次性地获取所有观测数据以计算图像特征空间;而 IPCA 在新的图像数据到达时,依据新数据与原始特征持续性地更新完备的图像特征空间。

现有的 IPCA 方法可以归为两类[52]:第一类方法在不依靠协方差矩阵的情况

下计算主成分,例如无偏的 IPCA 算法 CCIPCA 可以处理一般 PCA 算法无法解决的大规模高维计算问题[53]。第二类方法则从初始训练图像与后续新增样本重构重要的主成分,融合初始图像的低维系数向量与新增样本可以获取更新后的目标特征空间,当特征向量的维度较小时,这类计算方法具备很高的计算效率。由于新样本是逐个或逐批次增加到特征空间,而较为不重要的主成分被丢弃以保持特征子空间的维度,因而这类计算方法也遭遇不可预测的近似误差问题。D. Ross[54] 提出一种基于 IPCA 的视觉跟踪器,采样方法涉及的动态模型基于高斯分布,当目标经历姿态、光照强度和表面变化时该跟踪器可以学习目标的低维子空间符号,经过一段时间跟踪之后该跟踪器会出现一定程度的漂移且抗遮挡性能不佳。在模式识别在线特征提取方面,基于核的 PCA——IKPCA 被提出以提高特征类的可分离性,Li Sun 将 IKPCA 引入到视觉目标跟踪领域增强了跟踪器的鲁棒性。由于近年来 IPCA 相关衍生算法很多,在本章内容中仅列出与本章采用的增量主成分分析方法最为相关的 IPCA 算法。

3.2.1 Hall 的增量主成分分析 IPCA 算法

而当后续新的图像数据到达时,目前已有的一些算法利用时变协方差矩阵更新目标特征基以构建待跟踪目标特征子空间,这些算法在更新特征基时一般假定目标图像的均值为某一固定值,而跟踪场景的实时变化使得该假定在实际目标跟踪中往往是不存在的。子空间均值在目标识别过程中起着重要作用,例如子空间均值可以应用在 Fisher LDA 的类内与类间协方差矩阵的自适应更新方面。在研究矩阵特征值分解与特征空间更新关系的基础上,P. Hall 提出的 IPCA 方法可以实时更新均值与特征子空间,其方法如下[56]:

假定 $A=[I_1,\cdots,I_n] \in R^{d\times n}$,为给定的 d 维初始数据集合,用符号 $\bar{I}_A$ 表示集合 A 的均值,$\bar{I}_A = \frac{1}{n}\sum_{i=1}^{n} I_i$,则 A 的协方差矩阵 $C_A = \frac{1}{n-1}\sum_{i=1}^{n}(x_i - \bar{I}_A)(x_i - \bar{I}_A)^T$。根据矩阵理论,基于协方差矩阵 C_A 使用特征值分解 EVD,则存在着 k 个最大特征值 $\Lambda_{A(k)}$ 对应的特征向量 $U_{A(k)}$ 使得 $C_A = U_A \Lambda_A U_A^T \approx U_{A(k)} \Lambda_{A(k)} U_{A(k)}^T$,将表征目标车辆的初始特征子空间用 $\Omega_A(\bar{I}_A, U_{A(k)}, \Lambda_{A(k)}, n)$ 表示,当后续新的观测量 I_{n+1} 到达时,P. Hall 的 IPCA 算法核心思路为:采用矩阵理论的计算方法,增量性地快速计算出新的图像集合 $D=[I_1,\cdots,I_{n+1}] \in R^{d\times(n+1)}$ 对应的特征子空间 $\Omega_D(\bar{I}_D, U_{D(k)}, \Lambda_{D(k)}, n+1)$。依据矩阵理论,$D$ 的均值与协方差矩阵显然为:

$$\bar{I}_D = \frac{1}{n+1}(n \cdot \bar{I}_A + I_{n+1}) \tag{3.1}$$

$$C_D = \frac{n}{n+1}C_A + \frac{n}{(n+1)^2}(I_{n+1} - \bar{I}_A)(I_{n+1} - \bar{I}_A)^T \tag{3.2}$$

将新的图像数据 I_{n+1} 投影到初始特征空间上得到 k 维的向量 $\bar{g}$：

$$\bar{g} = U_{A(k)}^{\mathrm{T}}(I_{n+1} - \bar{I}_A) \tag{3.3}$$

定义向量 $\bar{h}$ 为：

$$\bar{h} = (I_{n+1} - \bar{I}_A) - U_{A(k)}g \tag{3.4}$$

定义 h 的单位向量 $\hat{h}$ 如下：

$$\hat{h} = \begin{cases} \dfrac{h}{\|h\|_2} & \text{if } \|h\|_2 \neq 0 \\ 0 & \text{否则} \end{cases} \tag{3.5}$$

P. Hall 的 IPCA 算法关键在于构建出合理的 $(k+1) \times (k+1)$ 维旋转矩阵 $\boldsymbol{R}$，将初始特征向量 $U_{A(k)}$ 扩展到新的特征向量 $U_{D(k)}$ 上，使得：

$$U_{D(k)} = [U_{A(k)} \ \hat{h}]R \tag{3.6}$$

式(3.6)中，矩阵 $\boldsymbol{R}$ 的构建基于下式：

$$\left[\frac{n}{n+1}\begin{bmatrix} \Lambda_{A(k)} & 0 \\ 0 & 0 \end{bmatrix} + \frac{n}{(n+1)^2}\begin{bmatrix} gg^{\mathrm{T}} & \gamma g \\ \gamma g & \gamma^2 \end{bmatrix}\right]R = R\Lambda_{D(k)} \tag{3.7}$$

式(3.7)中，符号 $\gamma = \hat{h}^{\mathrm{T}}(I_{n+1} - \bar{I}_A)$。

3.2.2 Ross 提出的 IPCA 算法

D. Ross 提出基于图像子空间更新计算方法对 P. Hall 的 IPCA 进行了完善，P. Hall 的 IPCA 仅仅在子空间的学习阶段针对初始空间增加新的数据信息，P. Hall 的 IPCA 理论中，每当新的一帧图像到达时利用 IPCA 更新完备的目标图像子空间；而 D. Ross 基于协方差矩阵更新的 IPCA 方法[54]则通过合理构建协方差与相关辅助矩阵，通过执行 QR、SVD 分解与矩阵计算，将后续多帧图像数据集合的连续信息在需要的特定时刻合并到完备的目标图像子空间集合中。假定 $A = [I_1, \cdots, I_n] \in R^{d \times n}$，为给定的 n 个 d 维数据集合；$B = [I_{n+1}, \cdots, I_{n+m}] \in R^{d \times m}$，为后续新的数据集合。符号 $D = [A \ B] \in R^{d \times (n+m)}$，表示完整输入数据集合。符号 $\bar{I}_A$、$\bar{I}_B$ 和 $\bar{I}_D$ 分别代表集合 A、B 和 D 的均值。D. Ross 的 IPCA 核心思想是：由奇异值分解 SVD 基于初始图像集合 A 计算出 $A = U_A \Lambda_A V_A^{\mathrm{T}}$ 的基础上，当新的后续图像集合 B 到达时，有效且实时性地计算出完整的图像集合 D 的 SVD 分解，使得 $D = U_D \Lambda_D V_D^{\mathrm{T}}$。表征目标车辆的初始图像集合 A 的子空间用 $\Omega_A(\bar{I}_A, U_A, \Lambda_A, n)$ 表示，完整输入图像数据集合 D 的子空间用 $\Omega_D(\bar{I}_D, U_D, \Lambda_D, n+m)$ 表示。用 $\boldsymbol{S}_A$、$\boldsymbol{S}_B$ 和 $\boldsymbol{S}_D$ 分别表示 A、B 和 D 的散布矩阵，则存在下式：

$$S_D = \sum_{i=1}^{n}(I_i - \bar{I}_D)(I_i - \bar{I}_D)^T + \sum_{i=n+1}^{n+m}(I_i - \bar{I}_D)(I_i - \bar{I}_D)^T \qquad (3.8)$$
$$= S_A + S_B + \frac{nm}{n+m}(\bar{I}_A - \bar{I}_B)(\bar{I}_A - \bar{I}_B)^T$$

散布矩阵具有以下性质：

$$S_B + \frac{nm}{n+m}(\bar{I}_A - \bar{I}_B)(\bar{I}_A - \bar{I}_B)^T =$$
$$\left[(B - \bar{I}_B)\sqrt{\frac{nm}{n+m}}(\bar{I}_B - \bar{I}_A)\right]\left[(B - \bar{I}_B)\sqrt{\frac{nm}{n+m}}(\bar{I}_B - \bar{I}_A)\right]^T \qquad (3.9)$$

从式(3.8)和式(3.9)中观测，$(D - \bar{I}_D)$ 的 SVD 分解等同于 $(A - \bar{I}_A)$、$(B - \bar{I}_B)$ 和附加向量 $\sqrt{\frac{nm}{n+m}}(\bar{I}_B - \bar{I}_A)$ 所组成联合量的 SVD 分解。定义矩阵 Q 为后续图像集合 B 中正交于 U_A 的成分，将 D 表达如下[54]：

$$D = [A \quad B] = [U_A \quad Q]\begin{bmatrix} \Lambda_A & U_A^T \\ 0 & QB \end{bmatrix}\begin{bmatrix} V_A^T & 0 \\ 0 & I \end{bmatrix} = [U_A \quad Q]R\begin{bmatrix} V_A^T & 0 \\ 0 & I \end{bmatrix} \qquad (3.10)$$

由于矩阵 R 可以 SVD 分解为 $R = \tilde{U}\tilde{\Lambda}\tilde{V}^T$，因此将式(3.10)转化为：

$$D = [A \quad B] = ([U_A \quad Q]\tilde{U})\tilde{\Lambda}\left\{\tilde{V}^T\begin{bmatrix} V_A^T & 0 \\ 0 & I \end{bmatrix}\right\} = U_D \quad \Lambda_D \quad V_D^T \qquad (3.11)$$

将 D. Ross 提出的增量主成分分析 IPCA 算法的执行步骤归纳如下[54]：

步骤一：计算集合 B 的均值 $\bar{I}_B = \frac{1}{m}\sum_{i=n+1}^{n+m}I_i$，集合 D 的均值 $\bar{I}_D = \frac{1}{n+m}\sum_{i=1}^{i=n+m}I_i$。

步骤二：构建矩阵 $\hat{B} = [(I_{n+1} - \bar{I}_B)\cdots(I_{n+m} - \bar{I}_B)\sqrt{\frac{nm}{n+m}}(\bar{I}_B - \bar{I}_A)]$。

步骤三：针对矩阵 $[\hat{B} - U_A U_A^T \hat{B}]$ 执行 QR 分解，计算出矩阵 $Q = QR(\hat{B} - U_A U_A^T \hat{B})$，同时构建矩阵 $R = \begin{bmatrix} \Lambda_A & U_A^T \hat{B} \\ 0 & Q(\hat{B} - U_A U_A^T \hat{B}) \end{bmatrix}$。

步骤四：针对矩阵 R 执行 SVD 分解，使得 $R = \tilde{U}\tilde{\Lambda}\tilde{V}^T \approx \tilde{U}_k \tilde{\Lambda}_k \tilde{V}_k^T$。

步骤五：计算出集合 D 的相关量，使得 $U_D = [U_A \quad Q]\tilde{U}$，$\Lambda_D = \tilde{\Lambda}$。

在实际图像跟踪过程中，为简化计算在步骤四采用 k 个最大特征值 $\tilde{\Lambda}_k$ 对应的特征向量 $\tilde{U}_k$ 进行计算，从而由初始目标特征子空间 Ω_A 和后续图像集合 B 快速构建完整图像目标子空间 Ω_D。

3.2.3 基于自相关矩阵更新与 EVD 分解的 IPCA

本小节中的图像集合符号 A、B 和 D 含义与本章 3.2.1 部分 A、D,3.2.2 部分的 A、B 和 D 定义一致。依据矩阵理论,A 的自相关矩阵 $\sum_A$ 可以表示如下[57]:

$$\sum\nolimits_A = (A - \bar{I}_A)^{\mathrm{T}}(A - \bar{I}_A) = V_A \Gamma V_A^{\mathrm{T}} = V_A \mathrm{diag}(r_1, \cdots, r_k, 0, \cdots, 0) V_A^{\mathrm{T}} +$$
$$V_A \mathrm{diag}(0, \cdots, 0, r_{k+1}, \cdots, r_n) V_A^{\mathrm{T}} = V_{A(k)} \Gamma_k V_{A(k)}^{\mathrm{T}} + V_A \mathrm{diag}(0, \cdots, 0, r_{k+1}, \cdots, r_n) V_A^{\mathrm{T}}$$
$$= \hat{\sum\nolimits_A} + \tilde{\sum\nolimits_A} \tag{3.12}$$

式(3.12)中,$\bar{I}_A = \frac{1}{n}\sum_{i=1}^{n} I_i$ 表示 A 的均值,本小节中符号 $\bar{I}_A$、$\bar{I}_B$ 和 $\bar{I}_D$ 的含义同本章 3.2.2 部分 $\bar{I}_A$、$\bar{I}_B$ 和 $\bar{I}_D$ 的含义一致;特征空间的 k 个最大特征值及其特征向量由 Γ_k 和 $V_{A(k)}$ 表示,其中 $k \leqslant \mathrm{rank}(\sum_A) \leqslant \min(n,d)$。当后续新的图像数据 B 进入后,D 的自相关矩阵 $\sum_D$ 的计算过程需要执行完全的 EVD 分解,也即涉及的所有子矩阵均需要重新计算。

3.3 基于自相关矩阵的 IPCA 算法的执行

由原始数据集合 A 已经计算给定的 k 阶主要子空间参数 $\{\widetilde{A}_{(k)}, \Gamma_{A(k)}\}$,则集合 A 的 k 阶主要特征基 $U_{A(k)} = \widetilde{A}_{(k)} (\Gamma_{A(k)})^{-1/2}$,表征目标车辆的初始图像集合 A 的图像特征子空间用符号 $\Omega_A(\bar{I}_A, U_A, \Gamma_A, n)$ 表示,表征完整输入图像集合 D 的图像特征子空间用符号 $\Omega_D(\bar{I}_D, U_D, \Gamma_D, n+m)$ 表示。为获取 $\Omega_D(\bar{I}_D, U_D, \Gamma_D, n+m)$,在基于自相关矩阵的 IPCA 算法中,对于后续新的图像数据集合 B 执行更新操作。

3.4 子空间更新方法的算法复杂度对比

D. Ross 的 IPCA 算法中,SVD 分解前构建 $\hat{B}$ 矩阵、Q 矩阵和 R 矩阵过程中共计需要 $2k \cdot d \cdot (m+1)$ 次乘法再加上 QR 分解 $d \times (m+1)$ 的计算复杂度;在针对 R 矩阵的 SVD 分解过程中需要 $(k+m+1) \times (k+m+1)$ 的计算复杂度;SVD 分解之后,求取 U_D 和 Λ_D 过程中需要 $d \cdot (k+m+1) \cdot k$ 的计算复杂度。Hall 的 IPCA 算法中,按后续 m 个新数据合并到完整数据集进行算法复杂度的相应计算。

3.5 自相关矩阵 IPCA 视觉跟踪的总体流程

本章跟踪方法的总体框架设计主要受到 3 个要素的启发：①目标图像的子空间表达方法与在线子空间更新理论；②基于时间序列分析的粒子滤波估值计算方法；③D. Ross 的在线更新及其计算理论。本质上，视觉目标跟踪可以被视为序列马尔科夫模型的推理性问题。

3.5.1 本章跟踪涉及的相关参数与解释

给定代表目标车辆的序列图像集合 $H_t=\{i_1,\cdots,i_t\}$、t 时刻代表目标运动参数的状态变量 X_t，目标图像跟踪过程也即在时刻 t 针对系统状态变量后验概率的估计计算过程。使用马尔科夫理论与贝叶斯规则，后验概率可以由下面的回归方程表达[58]：

$$P(X_t\mid H_t)\alpha P(H_t\mid X_t)\int P(X_t\mid X_{t-1})P(X_{t-1}\mid H_{t-1})\mathrm{d}X_{t-1} \quad (3.16)$$

在式(3.16)中，$P(X_t|X_{t-1})$ 为系统状态转移模型，$P(H_t|X_t)$ 为系统观测模型。目标位置由来自视频图像特定区域所提取的相应特征参数决定。本章试验中，系统状态变量 X_t 由 6 个参数 $(x_t,y_t,\theta_t,s_t,\alpha_t,\phi_t)$ 组成，6 个参数分别指示 t 时刻目标中心 X 轴方向的坐标位置、目标中心 Y 轴方向的坐标位置、跟踪窗口旋转角度、跟踪窗口横向尺度大小、跟踪窗口方向交比和窗口扭曲方向角度，该 6 个参数的解释如图 3.5.1 所示，其中跟踪窗口方向交比 $\alpha_t=\dfrac{s_t}{z_t}$，为跟踪窗口横纵向尺度之比：

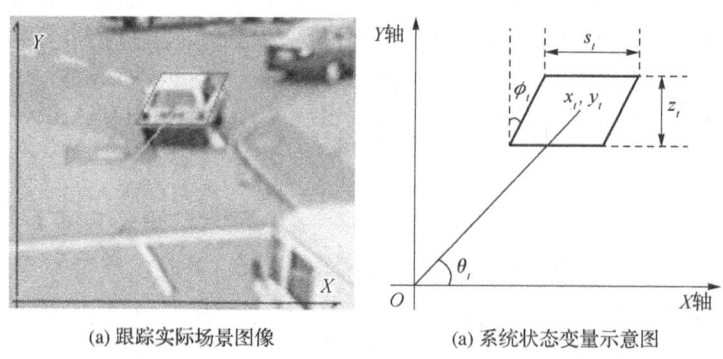

(a) 跟踪实际场景图像　　　　(a) 系统状态变量示意图

图 3.5.1　系统状态变量示意图

本章跟踪过程中目标运动的动力学过程由 Brownian 运动建模，因此系统状态转移模型可以表达为[59][60]：

$$P(X_t \mid X_{t-1}) = N(X_t; X_{t-1}, \Psi) \quad (3.17)$$

在式(3.17)中，Ψ 为对角协方差矩阵，其主对角元素为状态变量 X_t 的 6 个参数的相应方差 $\sigma_x^2, \sigma_y^2, \sigma_\theta^2, \sigma_s^2, \sigma_\alpha^2, \sigma_\phi^2$。系统状态转移过程假定符合高斯分布，参数 Ψ 则描述了跟踪窗口的运动期望。在本章目标车辆跟踪系统中，子空间的更新与计算不同于 D. Ross 的计算方法，采用 $\widehat{\sum_D}$ 来构造相应子空间，将后续新的图像数据合并到新的子空间中。

3.5.2 本章目标车辆跟踪方法的总体执行流程

图 3.5.2 为本章车辆跟踪方法的状态框图，本章目标车辆跟踪方法的总体执行流程上，将视觉跟踪问题视为状态预测估计问题，跟踪流程有两个主要阶段：①针对车辆视觉跟踪的粒子滤波状态推理过程；②在线子空间学习或更新。粒子滤波初值与目标车辆位置等初值在初始阶段给定，目标车辆位置的估计由粒子滤波器依据状态转移模型及系统观测量预测计算，目标车辆跟踪过程中，当后续新的图像帧到来时，采用 3.3 部分基于自相关矩阵的 IPCA 算法有效地更新目标图像特征子空间。在提取实时目标车辆图像子空间的有效辅助下，采用粒子滤波算法预测目标车辆在图像帧中的最可能位置。归纳采用自相关矩阵 IPCA 方法进行视觉跟踪的执行流程，具体执行步骤如下：

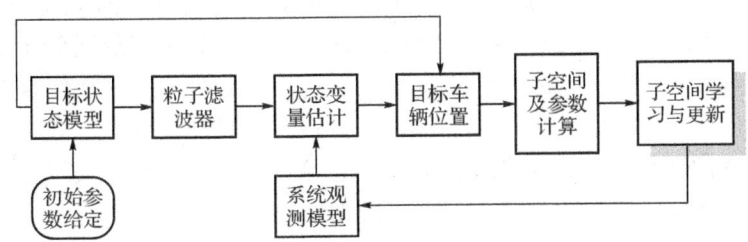

图 3.5.2 目标车辆跟踪方法的总体框图

步骤一，从视频流的初始图像帧中检测与定位目标车辆。初始化跟踪模型的相关参数，计算目标图像子空间 Ω_A 及相关参数 $\{\bar{I}_A, U_A, \Gamma_A\}$。

步骤二，依据系统状态转移模型计算目标车辆的位置与确定跟踪窗口。

步骤三，采用粒子滤波算法提取与计算反映目标状态向量的采样粒子，采集来自本算法流程步骤二的结果并收集实时观测数据，并依据粒子滤波算法计算出采样粒子的权值。

步骤四，依据流程步骤三计算出的粒子权值，准确预测当前帧中目标车辆的位置信息，更新跟踪窗口的大小与角度。

步骤五，依据本章 3.3 部分自相关矩阵的 IPCA 算法的执行步骤，更新与增量性地学习目标图像子空间 Ω_D 及相关参数 $\{\bar{I}_D, U_D, \Gamma_D\}$。

步骤六，返回流程步骤二执行循环操作。

3.6 车辆跟踪的实验结果与对比分析

本章代码全部采用 Matlab7.1 版本编写，硬件平台均为 AMD Athlon 4000＋处理器和 512 MB 内存。图 3.6.1 为针对雷丁大学视觉测试标准视频"test3.mpg"，采用本章 3.5 部分自相关矩阵 IPCA 的跟踪测试图像，test3 视频跟踪的主要难点在于路面上强烈反光的干扰以及目标由远至近的变化。图 3.6.1 每个子图中的上面部分图像为跟踪器选定的目标车辆跟踪窗口，下面的 4 幅小图像从左至右依次为：该时刻目标车辆的均值图像 μ、跟踪器锁定的车辆图像、误差图像、使用 IPCA 子空间重构的当前目标车辆图像。试验中，Ψ 被设定为 $\Psi = \mathrm{diag}(5^2, 5^2, 0.01^2, 0.01^2, 0.001^2, 0.001^2)$，粒子滤波算法的粒子数目设定为 600，初始跟踪窗口的横纵方向大小设定为 18 像素×17 像素。从视频第 1 帧到第 232 帧运行共计 45.94 秒。从图 3.6.1(a)～图 3.6.1(f)可见：经历目标车辆远近和光线强度变化等噪声干扰下的车辆跟踪过程，自相关矩阵 IPCA 视觉跟踪方法可以稳健且实时性地跟踪选定的目标车辆。

通过实验数据对比，自相关矩阵 IPCA 跟踪方法在运行时间上介于 0.1～0.2 秒/帧，平均可以获得 5～10 帧/秒的跟踪处理速度，3 个跟踪实验中 Car4 视频的跟踪较为耗时是由于初始跟踪窗口的尺度达到 200 像素×150 像素，目标图像始终占据较大的区域从而导致特征子空间的计算较为耗时。由于需要每帧均进行子空间的更新处理，P. Hall 的 IPCA 跟踪方法在跟踪运行时间上近似于 2 倍自相关矩阵 IPCA 跟踪方法；相对于 D. Ross 的 IPCA 算法，自相关矩阵 IPCA 跟踪方法在车辆跟踪上降低了 18% 左右的总体运行时间。在 RMSE 的数据对比上，3 种跟踪方法中自相关矩阵 IPCA 跟踪方法的误差最小，主要得益于所提框架中有效的自适应形变跟踪窗口、特征子空间的实时更新、粒子滤波理论的预测与估计效率。

图 3.6.1 基于 test3 视频自相关矩阵 IPCA 跟踪的测试结果

4 基于李群理论与特征子空间基的车辆跟踪

4.1 引言

当前图像目标跟踪中所遇到的难题主要是：长序列场景的跟踪过程中，序列图像由于受到诸如拍摄成像环境、目标受到遮拦、雨雪雾天气、光照量变化等现场实时噪声的干扰，且加上长时间跟踪过程中目标区域自身形变的影响，跟踪器很难对选定目标在序列图像中所处的位置、目标的大小与形状作出自适应、稳健的跟踪。视觉跟踪器采集目标表面特征或元素作为跟踪过程中度量与比较的依据，在后续帧中预测目标的位置并提取相应信息进行对比分析与校正。为产生目标的表面特征，跟踪器往往将属于目标的特定图像区域投影到低维特征子空间进行处理。一些基于目标表面特征的跟踪器[49]在整个跟踪过程中均保持目标表面信息固定，而侧重于匹配策略与鲁棒的定位算法上。另一类自适应跟踪器[59]则综合考虑目标表面的实时特征变化、目标特征的实时学习与更新等问题。在跟踪器的设计框架上，粒子滤波算法因其良好的预测与校正机制，成为自适应跟踪器常选用的主流方法，粒子滤波算法在针对目标受到遮拦或光照量变化等问题时，采用一些相应的具体措施或基于多特征进行联合跟踪，但这些方法在跟踪过程中也存在跟踪不稳定的现象。传统基于表面特征的粒子跟踪方法多采用表面特征的一维属性进行预测跟踪，不同之处在于所采用的表面特征为颜色、纹理或形状等不同类型的表面基元组合。通常这类方法可以用以下方程对目标状态进行描述：

$$\mathrm{d}x = f(x,t)\mathrm{d}t + F(x,t)\mathrm{d}w \tag{4.1}$$

式(4.1)中，x 可以是旋转角度、中心点坐标或跟踪窗口横纵比系数等变量的一维空间组合，f 与 F 函数为时变非线性函数，$\mathrm{d}w$ 为 m 维的维纳过程噪声。D. Ross 提出采用实时构建目标子空间特征结合粒子滤波算法进行图像区域跟踪，由于在欧氏空间中利用目标特征的一维属性进行跟踪，该方法仍然未能很好地解决长序列跟踪过程中目标形变与噪声扰动带来的跟丢问题。传统跟踪方法采用目标表面基元进行特征跟踪，在对选定的目标进行跟踪的过程中，目标图像一旦受到噪声的扰动，则在不同时刻跟踪窗口会产生渐进形变，从而影响到目标跟踪的准确性与稳定程度。自适应跟踪器[50]由于在跟踪过程中涉及目标表面特征的实时更新，在各类噪声扰动下因而不可避免地也会引入度量误差从而累积目标模板的更新误差,在长时间跟踪后最终导致跟踪窗口漂移并偏离目标的现象。自适应跟踪器的目标表面特征实时更新要兼顾特征的选择、噪声扰动下的鲁棒性和处理时间等问题,自适应跟踪器需要对目标特征在线学习的性能进行实时评估与计算,因而设计出可以应对噪声干扰的实时自适应跟踪器仍然是一个困难的课题。

4.2 群空间在视觉跟踪算法中的引入

A. Chiuso 拓展了序列重要性采样理论,首先阐述了矩阵李群的蒙特卡洛滤波问题。刘云鹏提出在系统状态变量位于低维流行空间的情况下执行粒子滤波算法,通过对群的均值估计仿射形变参数以解决目标表面轮廓形变的问题,但并未在目标车辆受到遮拦或经历其他类型噪声的情况下对系统性能进行评估与测试。O. Tuzel 提出一种基于李群学习的不变量检测与跟踪框架,针对图像帧中产生形变的运动目标进行检测与跟踪,通过仿射运动群建立关于李代数学习的回归模型,该方法将跟踪视为一种学习问题,将表征运动目标的任意一种矩阵李群结构嵌入到该跟踪框架,但主要问题在于需要预先花费较长时间对回归与预测模型进行训练。近年来在视觉目标跟踪领域,使用协方差矩阵作为跟踪的区域描述符是一种流行的方法,协方差矩阵区域描述符具备如下特点:协方差矩阵采用一种不需要规范化特征或混合权值的多特征融合方式[64]。假定 I 为维度 $W \times H$ 的观测图像,F 为提取于 I 的 $W \times H \times d$ 的维度特征信息,用下式表述 F 与 I 的关系:

$$F(x,y) = \phi(I,x,y) \tag{4.2}$$

式(4.2)中,ϕ 是诸如颜色、纹理、梯度或滤波响应等多种形式的映射,x 和 y 分别为像素所在的横、纵坐标位置。假定 $\{Z_k\}_{k=1,\cdots,n}$ 为位于给定矩形区域 R 的 d 维特征点,该矩形区域可以由特征点的 $d \times d$ 协方差矩阵表示[65]。依据所选跟踪特征的多样性,Z_k 拥有不同的具体表现形式,可以采用像素位置、RGB 颜色值、图像亮度相对于 x 和 y 的偏导数来表示 Z_k 中的维度特征点。协方差矩阵提出一种融合可能相关性多特征的区域描述方式,协方差矩阵对角线上的元素表示每个特征的方差属性,而非对角线上的元素表示这些特征之间的相关性,单幅图像帧样本中存在的噪声主要由协方差矩阵中的滤波器降低其对跟踪过程造成的扰动与影响。J. Kwon 在基于仿射群的粒子滤波理论基础上提出 Kwon2010 跟踪器,该跟踪器采用目标表面区域的协方差描述算子作为跟踪特征,结合一阶自回归过程和 PGA 算法针对室内形变目标进行有效的跟踪测试。F. Porikli 提出采用协方差算子作为跟踪特征,在正定矩阵李群结构和目标模板自适应更新机制的共同作用下跟踪预定目标,实验显示该方法具备一定的抗遮拦与目标形变适应能力。理论上而言,从一块特定图像区域提取的协方差矩阵可以在后续帧的不同视角与位置匹配该块目标区域。协方差矩阵自身具备良好的旋转不变性与尺度不变性，在跟踪过程中可以抵御目标姿态与尺度上的变化。协方差矩阵对于目标图像受到扰动后均值上的改变也具有不变性，这点对于目标受到光线变化的场景跟踪来说本是一种优势属性，但是在跟踪过程中有相当部分的计算能力消耗在度量候选区域协方差矩阵的相似度上，在构建协方差矩阵的距离算法上需要实时提取特征值[69]。例如，在 P4 系列 3.2G 的机器平台上测试，针对 320 像素×240 像素的图像采用 7×7 协方差矩阵进行搜索，耗时将达到 600 毫秒/帧[68]。为解决协方差矩阵跟踪算法复杂度高的弱点，李广伟在对称正定流行上构造一种改进的李群结构，利用积分图像简化计算协方差矩阵，这种方法在距离计算的相似匹配准则上虽然简化了传统黎曼度量方式，将协方差矩阵的算法复杂度降为 $O(WHd^2)$，但这种简化计算却牺牲了仿射不变性，从而导致跟踪系统在遇到严重遮拦或光照情况下会出现跟踪失败现象。

4.3 基于仿射群组几何属性的视觉目标跟踪

在计算机视觉领域应用李代数与李群解决具体计算问题具备以下两点优势[71]：①李代数允许引导变量沿着李群空间下两点间的最短测地线行进。②无论在 2D 或 3D 空间下，在一种自然方式上李群与李代数使得参数转化成为可能。近年来在模式识别领域，已有学者提出基于李代数向量空间的线性特征，构建合理的概率模型与聚类算法解决特定的识别问题。然而在视觉目标跟踪领域，很少有文献系统阐述如何基于粒子滤波器并应用流行及仿射李群的内在属性解决自适应目标跟踪的难题。

4.3.1 李群与李代数

流行可以理解为局部相似于欧氏空间的拓扑空间，可以将流行视为存在于高维欧氏空间的连续表面。李群无疑是最为重要的一类特殊微分流行，李群是微分流行，它自身也是群。解析流满足一定的平滑条件，李群是具有解析流结构的一种群，这种群上的操作是解析的，也即满足一些解析流运算的基本准则。

如图 4.3.1 所示，位于流行 M 上点 x 处的切空间 $T_x(M)$ 可以理解为一组约束在流行上某点处的允许速度，箭头 v 表示点 x 处的一个切，流行上两点之间的距离由它们之间的曲线长度给定，曲线的最小长度被称为测地线，切与测地线之间紧密关联。对于每一个 $v \in T_x$，针对点 x 处以初始速度 v 而言，都存在唯一的测地线，指数映射将 v 映射到流行上由测地线所指示的相应位置。由李群的无穷小变换算符或称为生成元作为基矢所构成的矢量空间是此李群的李代数。假定 G 是一个李群,I_μ 是李群 G 的生成元,那么集合 $g=\{\beta^\mu I_\mu,\beta^\mu \in R\}$ 构成一个实李代数,将 g 称为李群 G 的李代数。反之,若 g 为一个李代数,那么必然存在一个对应的单连通李群 G,该李群 G 在同构意义下是唯一的。根据李群与李代数映射关系理论,李群 G 是具有平滑积和可逆运算的群,与 G 相关联的李代数 g 可以被定义为 G 在同一元素处的切向量空间。每个李群紧密联系有一个特定有限维李代数,连通、单连通的李群在同构意义下完全由它们的李代数决定,李群 G 与李代数 g 之间可以通过相关映射相互关联。图 4.3.2 表示李群与李代数的空间映射关系,g 到 G 的关系可用指数映射 Exp 关联,指数映射是对由指数的幂组成的任意李群的一种推广,G 到 g 的关系用对数映射 Log 进行关联。

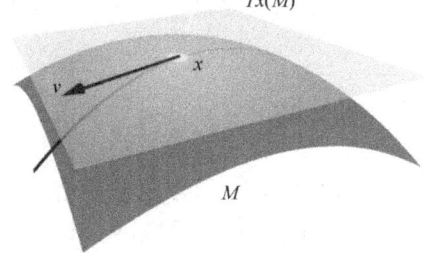 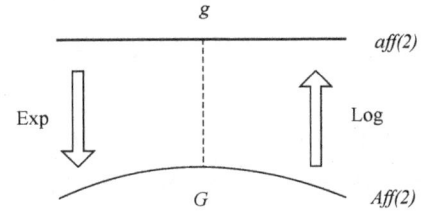

图 4.3.1 切空间与 R^3 中的二维流行　　图 4.3.2 李群与李代数空间映射关系示意图

假定矩阵 $Aff(2)=\begin{bmatrix} G & t \\ 0 & 1 \end{bmatrix}$,其中 G 为可逆的 2×2 实数矩阵,表征目标窗口的旋转方位;t 表征目标中心点的平移向量。该 2D 仿射矩阵 $Aff(2)$ 可以被看作为一个矩阵李群,且为 $GL(2)$ 的半直积[65]。对应于李群 $Aff(2)$ 的李代数 $aff(2)$ 可以表示为 $\begin{bmatrix} U & V \\ 0 & 0 \end{bmatrix}$,其中 $U\in gl(2)$,$gl(2)$ 为 $GL(2)$ 对应的李代数的实 2×2 矩阵,$V\in R^2$。

4.3.2　基于仿射群组的目标状态方程及其描述

针对传统向量空间的非线性滤波问题,系统的状态方程常采用下式进行描述:

$$x_k = f(x_{k-1}) + w_k \tag{4.3}$$

式(4.3)中,$x_k \in R^{N_x}$,w_k 为协方差 $P\in R^{N_x\times N_y}$ 的高斯噪声。系统测量方程则采用下式表述:

$$y_k = g(x_k) + n_k \tag{4.4}$$

式(4.4)中,函数 g 表示 x_k 到 R^{N_y} 的关系映射,通常为非线性函数;$n_k \sim N(0,R)$ 表示测量高斯噪声,其协方差 $R\in R^{N_x\times N_y}$。传统向量空间下的非线性滤波问题已经有大量文献与方法进行了相关论述,然而在传统向量空间下表示跟踪区域属性的目标状态与测量方程,并没有充分考虑到特征间潜在的几何属性。同时,基于传统向量空间的粒子滤波与蒙特卡洛方法也并不完全适用于仿射群组空间。跟踪特征的2维仿射群组特征组合并不属于向量空间,而非常类似于李群或2维仿射群$Aff(2)$的曲面空间。执行基于仿射群$Aff(2)$的滤波过程,要求针对群空间下的目标状态与测量方程的几何解释有正确的描述。J. Kwon 提出蒙特卡洛滤波与李群之间的关系理论,对群空间状态方程的序列重要性采样粒子滤波理论与方法进行阐述,在研究基于视觉图像的机器人姿态估计与终端执行技术领域,进一步地将粒子滤波方法由传统向量空间扩展到矩阵李群空间。本章跟踪框架中,采用J. Kwon 提出的矩阵李群滤波理论,以仿射群组的视觉目标跟踪作为研究的对象。现假定群空间中系统状态方程为左不变形式:

$$dX = X \cdot A(X)dt + X \cdot \sum_{i=1}^{6} b_i E_i dw_i \tag{4.5}$$

式(4.5)中[66],$X \in Aff(2)$为目标状态变量,采用了与第3章相似的状态变量结构,系统状态变量X_t由6个参数($\alpha_t, \phi_t, \theta_t, s_t, x_t, y_t$)组成,6个参数的具体解释详见本书3.5部分。$E_i$的几何解释是表征模板形变及扭曲程度的基本单位,$E_i(i=1\sim6) \in aff(2)$为以下基元素:

$$E_1 = \begin{bmatrix} 1 & 0 & 0 \\ 0 & 1 & 0 \\ 0 & 0 & 0 \end{bmatrix}, E_2 = \begin{bmatrix} 1 & 0 & 0 \\ 0 & -1 & 0 \\ 0 & 0 & 0 \end{bmatrix}, E_3 = \begin{bmatrix} 0 & -1 & 0 \\ 1 & 0 & 0 \\ 0 & 0 & 0 \end{bmatrix},$$

$$E_4 = \begin{bmatrix} 0 & 1 & 0 \\ 1 & 0 & 0 \\ 0 & 0 & 0 \end{bmatrix}, E_5 = \begin{bmatrix} 0 & 0 & 1 \\ 0 & 0 & 0 \\ 0 & 0 & 0 \end{bmatrix}, E_6 = \begin{bmatrix} 0 & 0 & 0 \\ 0 & 0 & 1 \\ 0 & 0 & 0 \end{bmatrix}$$

$E_1 \sim E_6$的几何解释是表征模板形变与扭曲程度的基本度量单位,b_i为标量常数,$dw_i \in R$为维纳过程噪声。式(4.5)可以经过欧拉离散化为下式:

$$X_k = X_{k-1} \cdot Exp(A(X,t) \cdot \Delta t + dw_k \cdot \sqrt{\Delta t}) \tag{4.6}$$

式(4.6)中,$dw_k \sim N(0,P)$表示$aff(2)$上的维纳过程噪声,其协方差$P \in R^{6\times 6}$;$A(X,t) \in aff(2)$表示决定粒子迭代的状态运动特征,一般简单的方法是将$A(X,t)$取0以简化计算,依靠大数量的粒子繁殖以弥补$A(X,t)$取0带来的目标运动状态的不确定性,但是这样处理必然带来粒子计算量过大而导致的运算耗时问题。自回归过程AR是信号处理的基础,通常用于针对欧氏空间中目标的运动或进化行为进行建模,然而许多目标样本的运动行为模式并非在平的空间上,而是位于曲面空间如球形空间上，因此 J. Xavier 和 S. Said 提出将 AR 过程扩展到曲面空间或流行上的理论。假定$\{\varepsilon_k\}$是R^n上的q阶 AR 过程，存在下式：

$$\varepsilon_k = a_1\varepsilon_{k-1} + \cdots + a_q\varepsilon_{k-q} + \Psi \tag{4.7}$$

式(4.7)中，a_i为$n\times n$的矩阵，Ψ为过程噪声。定义增量$\Delta_k=\varepsilon_k-\varepsilon_{k-1}$，该增量由回归迭代得到：

$$\Delta_k = a_1\Delta_{k-1} + \cdots + a_q\Delta_{k-q} + \Psi \tag{4.8}$$

式(4.8)的含义可以理解为：由先前的q个增量获取一个新的增量Δ_k。将R^n视为黎曼流行，综合式(4.7)和式(4.8)，得到下式：

$$\varepsilon_k = \mathrm{Exp}_{\varepsilon_{k-1}}(\Delta_k) \tag{4.9}$$

式(4.9)可以进行如下解释：在单位时间间隔内，ε_k由从ε_{k-1}出发沿切向量Δ_k方向上的测地线决定。依据 J. Xavier 的推导过程，将 AR 过程分析推广到任意李群G，同时定义$\Gamma_k=\mathrm{Log}(\varepsilon_{k-1}^{-1}\cdot\varepsilon_k)$，则存在以下准则：

$$\theta_k = A\Gamma_{k-1} + \Omega_k \tag{4.10}$$

$$\Gamma_k = \mathrm{Log}(\mathrm{Exp}(\theta_k)) \tag{4.11}$$

式(4.10)中，$k-1$时刻的运动方向Γ_{k-1}通过A的传导并叠加随机切向量噪声Ω_k的扰动后，建立起k时刻的运动方向。式(4.11)中的 Exp 和 Log 含义等同于图4.3.2 的解释。在本章的跟踪系统框架中，依据目标状态的一阶自回归过程，将$A(X,t)$与目标状态变量X之间的关系描述如下[66][67]：

$$A_{k-1} = a \cdot \mathrm{Log}(X_{K-2}^{-1} \cdot X_{K-1}) \tag{4.12}$$

式(4.12)中，a为自回归过程参数，A_{k-1}可以用$A(x,t)\cdot\Delta t$表示。式(4.6)中的$A(x,t)\in aff(2)$，将其 Exp 映射在$Aff(2)$空间上，由于X_{k-1}与X_k均属于$Aff(2)$空间上的元素，因而可以计算出X_k；相应地在式(4.12)中，$X_{K-2}^{-1}\cdot X_{K-1}$取 Log 后得到$aff(2)$空间上的$A_{k-1}$。由于普通摄像机采集的正常视频的帧率为20~30帧/秒，因此相邻帧中目标窗口的运动状态可以采用一阶自回归过程来近似描述，从而由式(4.6)可以得到：

$$X_k \approx f(X_{k-1})\cdot\mathrm{Exp}(\mathrm{d}W_k\sqrt{\Delta t}) = X_{k-1}\cdot\mathrm{Exp}(A_{k-1}+\mathrm{d}W_k\sqrt{\Delta t}) \tag{4.13}$$

式(4.13)中，$f(X_{k-1})=X_{k-1}\cdot\mathrm{Exp}(A_{k-1})$。将系统状态变量映射到李群空间进行处理具备以下优点[66]：在受到噪声扰动后，群空间下状态变量的形变具有一致性。假定有两个状态向量$x_{k-1}=(1,0,0,1,10,10)^T$和$x'_{k-1}=(2,0,0,2,10,10)^T$，状态方程由$x_k=x_{k-1}+w_k$给出，其中$w_k$为 6 维高斯噪声。在$k$时刻，状态

向量 x_{k-1} 和 x'_{k-1} 均受到同一噪声 $w_k=(0.2,0.2,0.2,0.2,2,2)^{\mathrm{T}}$ 的扰动，则状态向量 x_k 和 x'_k 分别为 $(1.2,0.2,0.2,1.2,12,12)^{\mathrm{T}}$ 和 $(2.2,0.2,0.2,2.2,12,12)^{\mathrm{T}}$。

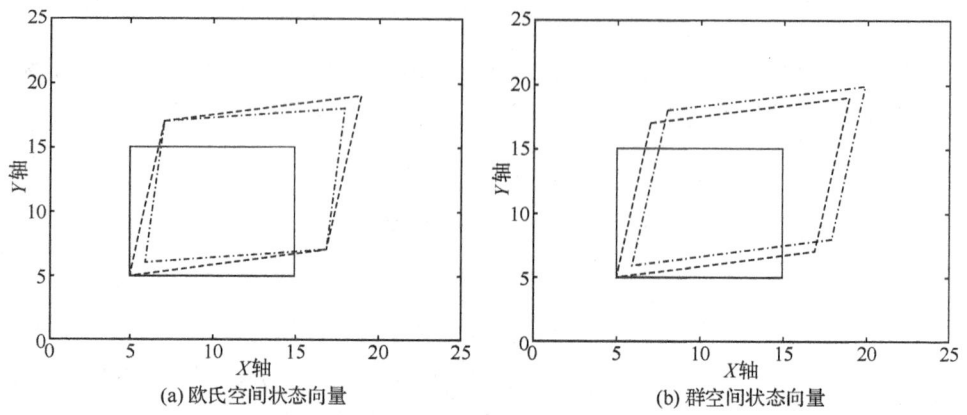

图 4.3.3　受扰动后状态向量形变示意图

图 4.3.3(a)中的实线矩形表示两状态向量未受到噪声扰动时的应有状态，两个虚线四边形表示两状态向量受到同一噪声扰动时的实际状态。从图 4.3.3(a)可以看出：在欧氏向量空间中，在同一噪声扰动的影响下，系统状态向量会产生不同程度的渐进形变，主要原因在于欧氏向量空间中的数据运算忽略了所采用特征的仿射群体的几何属性。而在实际目标跟踪中，这种跟踪窗口的渐进形变会极大影响到目标跟踪的稳定性与准确性。若采用欧氏嵌入原理，将系统状态变量映射到李群空间进行相应处理，则状态向量 x_{k-1} 和 x'_{k-1} 所在的位置如图 4.3.3(b)所示，两状态向量分别为大小与形变一致的两个虚线四边形。从图 4.3.3(b)中可以看出：在同一噪声扰动的影响下，李群空间中不同状态变量所产生的形变一致。对于实际目标跟踪来说，待跟踪目标中心点的轻微漂移对于稳定程度的影响可以通过合理的粒子采样进行弥补，而系统状态变量在李群空间下形变的一致性将会很大程度上提升目标跟踪的总体稳定性能。

在欧氏空间下，系统向量的均值与协方差由下式给出[75]：

$$\mu = (\mu_1,\mu_2)^{\mathrm{T}} = [E(x_k\mid x_{k-1}),E(y_k\mid x_{k-1})]^{\mathrm{T}} \quad (4.14)$$

$$\Sigma = \begin{pmatrix} \Sigma_{11} & \Sigma_{12} \\ (\Sigma_{12})^{\mathrm{T}} & \Sigma_{22} \end{pmatrix} = \begin{pmatrix} \mathrm{Var}(x_k\mid x_{k-1}) & \mathrm{Cov}(x_k,y_k\mid x_{k-1}) \\ \mathrm{Cov}(x_k,y_k\mid x_{k-1})^{\mathrm{T}} & \mathrm{Var}(y_k\mid x_{k-1}) \end{pmatrix} \quad (4.15)$$

在多变量高斯分布理论中认为 $P(x_k\mid x_{k-1},y_k)$ 是高斯分布的，将式(4.4)线性化得到[76]：

$$y_k \approx g(f(x_{k-1})) + J(x_k - f(x_{k-1})) + n_k \qquad (4.16)$$

式(4.16)中，$J = \frac{\partial g}{\partial x_k}(f(x_{k-1}))$。基于 S. Said 的理论方法，在多变量高斯分布理论的条件下存在：

$$\begin{pmatrix} x_k \\ y_k \end{pmatrix} \sim N\left[\begin{pmatrix} \mu_1 \\ \mu_2 \end{pmatrix}, \begin{bmatrix} \sum_{11} & \sum_{12} \\ \sum_{21} & \sum_{22} \end{bmatrix} \right] \qquad (4.17)$$

式(4.17)中，$\mu_1 = f(x_{k-1}), \mu_2 = g(f(x_{k-1}))$；$\sum_{11} = P, \sum_{12} = \sum_{21}^T = PJ^T$，$\sum_{22} = JPJ^T + R$，其中 P 为 w_k 的协方差，R 为测量高斯噪声协方差，J 同式(4.16)中 J。基于上述分析，并结合式(4.3)和式(4.4)，式(4.14)和式(4.15)又可以写为[77]：

$$\mu = [\mu_1, \mu_2]^T = [f(x_{k-1}), g(f(x_{k-1}))]^T \qquad (4.18)$$

$$\sum = \begin{pmatrix} P & PJ^T \\ JP & JPJ^T + R \end{pmatrix} \qquad (4.19)$$

在融入最近的观测值 y_k 后[77]，概率 $P(x_k | x_{k-1}, y_k)$ 可以近似为 $N(m_k, \sum_k)$，其中 m_k 和 $\sum_k$ 为：

$$m_k = \mu_1 + \bar{u} = \mu_1 + \sum_{12}(\sum_{22})^{-1}(y_k - \mu_2) \qquad (4.20)$$

$$\sum_k = \sum_{11} - \sum_{12}(\sum_{22})^{-1}(\sum_{12})^T \qquad (4.21)$$

式(4.20)和式(4.21)中 μ 和 $\sum$ 的相关各分量见式(4.14)和式(4.15)。由于李群空间下的系统状态向量已经不再是传统向量空间下的维度向量形式，而是仿射矩阵。因此关于 $Aff(2)$ 的泰勒展开需要进一步重新解释：充分应用 $Aff(2)$ 的 Exp 映射属性，对于任意 $X \in Aff(2)$ 的邻域有如下性质：

$$X(u) = X \cdot \mathrm{Exp}\left(\sum_{i=1}^{6} u_i E_i \right) \qquad (4.22)$$

式(4.22)中，E_i 的解释同式(4.5)中 E_i 的含义，$u = (u_1, \cdots, u_6)^T \sim N(0, S)$。考虑到 X 附近足够小的领域假定，则 S 必定满足充分小的假设条件，于是可以将 $X(u)$ 等同于 $f(X_{k-1})$，将式(4.4)中的 g 函数针对 $f(X_{k-1})$ 用一阶泰勒展开，那么李群空间下的系统测量方程可以用下式进行表达：

$$y_k \approx g(f(X_{k-1})) + J \cdot u + n_k \qquad (4.23)$$

式(4.23)中，$J = \frac{\partial g}{\partial x_k}(f(X_{k-1}))$，式(4.23)中 J 的含义类同式(4.19)中 J。A. Doucet 和 J. Kwon 也提及李群空间下的泰勒展开计算方法。参照 J. Kwon 的计算方法，为解决 g 为隐函数的问题将 J_i 的计算拆分为 4 项进行，采用以下链式规则对 J 进行准确的计算：

步骤一，假设目标模板初始坐标点 $\zeta(\zeta_x, \zeta_y)$ 对应的目标状态变量为 X_k，在齐次坐标系下定义卷积函数：

$$\omega(\zeta, x_k) = X_k \cdot \zeta \tag{4.24}$$

步骤二，采用 $I(\omega(\zeta, X_k))$ 表示当前视频帧中目标所在的图像区域，则测量方程式(4.4)可以进一步地表示为：

$$y_k = g(x_k) + n_k = h(I(\omega(\zeta, x_k))) + n_k \tag{4.25}$$

步骤三，定义 J_i 为 J 对应于 u_i 的第 i 列，则 J_i 可以用下式表达：

$$J_i = \frac{\partial g(x(u))}{\partial u_i}\Big|_{u=0} = \frac{\partial h}{\partial I} \cdot \frac{\partial I}{\partial \omega} \cdot \frac{\partial \omega}{\partial x_k} \cdot \frac{\partial x(u)}{\partial u_i}\Big|_{u=0} \tag{4.26}$$

式(4.26)中，第一项 $\frac{\partial h}{\partial I}$ 的解析形式来自于后续的增量 PCA 算法，具体见式(4.35)的解释。第二项 $\frac{\partial I}{\partial \omega}$ 表示当前图像帧目标区域像素坐标处的图像梯度值。第三项 $\frac{\partial \omega}{\partial x_k}$ 表示 ω 相对于 X 的微分，通过将向量 $x_k = \{x_{k,1}, x_{k,2}, x_{k,3}, x_{k,4}, x_{k,5}, x_{k,6}\}$ 构造为 $X_k = \begin{bmatrix} x_{k,1} & x_{k,3} & x_{k,5} \\ x_{k,2} & x_{k,4} & x_{k,6} \\ 0 & 0 & 1 \end{bmatrix}$，$\frac{\partial \omega}{\partial x_k}$ 的计算可以通过由转化的像素坐标下卷积函数 ω 相对于 X_k 的微分实现计算。式(4.26)的第四项可以表示为下式：

$$\frac{\partial x(u)}{\partial u_i}\Big|_{u=0} = \frac{\partial x_k \cdot \text{Exp}(\sum u_i E_i)}{\partial u_i}\Big|_{u=0} = X_k E_i \tag{4.27}$$

相应地在李群空间下，$\hat{\mu}_1$ 和 $\hat{\mu}_2$ 分别由 $f(X_{k-1})$ 和 $g(f(X_{k-1}))$ 给出，将群空间中 $p(X_k, y_k | X_{k-1})$ 的 $\hat{\mu}$ 和 $\hat{\sum}$ 处理如下：

$$\hat{\mu} = [\hat{\mu}_1, \hat{\mu}_2]^T = [f(X_{k-1}), g(f(X_{k-1}))]^T \tag{4.28}$$

$$\hat{\sum} = \begin{pmatrix} \hat{\sum}_{11} & \hat{\sum}_{12} \\ (\hat{\sum}_{12})^T & \hat{\sum}_{22} \end{pmatrix} = \begin{pmatrix} Q & QJ^T \\ JQ^T & JQJ^T + R \end{pmatrix} \tag{4.29}$$

式(4.28)中,$f(X_{k-1})$同式(4.13)的解释;式(4.29)中,$Q=P\cdot\Delta t$,R为测量高斯噪声协方差。定义符号 γ 如下:

$$\gamma = \hat{\sum}_{12}(\hat{\sum}_{22})^{-1}(y_k-\hat{\mu}_2) \tag{4.30}$$

则群空间中概率 $P(X_k|X_{k-1},y_k)$ 近似为 $N_{Aff(2)}(\hat{m}_k,\hat{\sum}_k)$,其中相关参数表达如下:

$$\hat{m}_k = \hat{\mu}_1 \cdot \mathrm{Exp}(\sum_{i=1}^{6}\gamma_i E_i) = f(X_{k-1})\cdot \mathrm{Exp}(\sum_{i=1}^{6}\gamma_i E_i) \tag{4.31}$$

$$\hat{\sum}_k = \hat{\sum}_{11}-\hat{\sum}_{12}(\hat{\sum}_{22})^{-1}(\hat{\sum}_{12})^T = Q-QJ^T(JQJ^T+R)^{-1}JQ^T \tag{4.32}$$

式(4.31)中,E_i 的含义同式(4.5);式(4.32)中 Q、J 和 R 的解释见式(4.29)。

4.3.3 融入测量向量后的粒子权值的更新与计算

传统粒子滤波方法在进行粒子权值的计算及重要性采样时,为简化计算通常令 $P(X_k^{(i)}|X_{0:k-1}^{(i)},y_{0:k})=P(X_k^{(i)}|X_{k-1}^{(i)})$,通过引入适当的提议分布以获取粒子权值,由于假定暂态密度函数是高斯分布的,这样计算很容易进行粒子权值的处理与更新,然而这种简化计算却面临粒子退化问题并降低了采样的准确性。由于观测量 y_k 中也包含了关于状态量 X_k 的相关信息,产生 X_k 的过程不仅仅只是依靠之前的状态量,因此本章在进行状态量粒子权值计算时为提高计算的准确性,融入了观测量 y_k 进行实时计算,具体计算公式如下[76][79]:

$$w_k^{(i)} = w_{k-1}^{(i)} \cdot \frac{P(y_k|X_k^{(i)})P(X_k^{(i)}|X_{k-1}^{(i)})}{P(X_k^{(i)}|X_{0:k-1}^{(i)},y_{0:k})} \tag{4.33}$$

式(4.33)中,$P(y_k|X_k^{(i)})$ 可以通过下式引入[72]:

$$P(y_k|X_k^{(i)}) \propto \exp\left(-\frac{1}{2}\cdot y_k^T R^{-1} y_k\right) \tag{4.34}$$

式(4.33)中,$P(X_k^{(i)}|X_{k-1}^{(i)})$ 源于一阶自回归过程,$P(X_k^{(i)}|X_{0:k-1}^{(i)},y_{0:k})$ 的计算见式(4.31)和式(4.32)。

4.3.4 增量 PCA 算法及目标图像特征子空间向量基

P. T. Fletcher 在研究张量数据的统计分析方面提出一种 PGA 算法,引入 PGA 研究张量数据的对称空间以及李群中数据的可变性问题。J. Kwon 提出采用

PGA作为仿射不变性矩阵在切空间计算内在样本均值以及相关协方差矩阵,结合粒子滤波与仿射群用于光线突变情况下的目标跟踪方面,然而在利用该方法进行计算时首先需要获取仿射不变均值,仿射不变均值的计算需要通过梯度下降优化程序,这样处理导入了计算的不确定性且增加了算法复杂度。本章采用 J. Kwon 提出的增量 PCA 算法获取目标图像特征子空间向量基及样本均值,并通过相关参数计算 J 矩阵,从处理效果上等同于 PGA 算法或样本协方差矩阵的计算,并简化了跟踪算法的总体流程。

1) 增量 PCA 算法流程

假定图像集合 $A=\{I_1,I_2,\cdots,I_n\}$,集合 $B=\{I_{n+1},I_{n+2},\cdots,I_{n+m}\}$,集合 $C=[A\ B]$,其中 I_i 为视频帧中捕获的目标所在区域子图像,令符号 $\overline{I_A}=\sum_{i=1}^{n} I_i$。现已从集合 A 的奇异值分解与上一步骤的计算中,获取了相应的 U 和 $\sum$。考虑到算法实时性与快速性的综合需求,算法框架要求每隔若干帧更新一次图像库,由于集合 B 的引入,使得从 C 中快速且实时性地获取更新后的 U' 和 $\sum'$ 成为新的计算问题。通过增量 PCA 算法加以解决上述问题,算法具体步骤如下[54]:

步骤一,分别计算集合 B 和 C 的均值:
$$\overline{I_B}=\frac{1}{m}\sum_{i=n+1}^{n+m} I_i, \overline{I_C}=\frac{n}{n+m}\overline{I_A}+\frac{m}{n+m}\overline{I_B}。$$

步骤二,构建 $\hat{B}$ 矩阵,令 $\hat{B}=[(I_{m+1}-\overline{I_B}),\cdots,(I_{n+m}-\overline{I_B}),\sqrt{\frac{nm}{n+m}}(\overline{I_B}-\overline{I_A})]$。

步骤三,分别构建 $\tilde{B}$ 矩阵和 R 矩阵:
$$\tilde{B}=QR(\hat{B}-UU^T\hat{B}), R=\begin{bmatrix} \sum & U^T\hat{B} \\ 0 & B(\hat{B}-\tilde{U}U^T\hat{B}) \end{bmatrix}。$$

步骤四,计算矩阵 R 的奇异值分解:$R\stackrel{SVD}{=}\tilde{U}\tilde{\sum}\tilde{V}^T$。

步骤五,提取更新后的 U' 和 $\sum':U'=[U\ \tilde{B}]\tilde{U},\sum'=\tilde{\sum}$。

增量 PCA 算法可以有效地避免每一次图像库更新时针对整个图像集合进行 QR 分解,可以实时更新与提取目标的特征子空间向量基[54]。由于在上一轮计算时,对应于 U 的一列已经正交化,而 $\tilde{B}$ 可以经过对$[\hat{B}-UU^T\hat{B}]$ 的 QR 分解获得,利用这一性质可以简化与加快目标图像特征子空间向量基的计算过程。增量 PCA 算法在进行每一次子空间更新的过程中,充分地利用了 k 个最大奇异值及其对应的基向量。相对于全局范围的奇异值分解而言,增量 PCA 算法将算法的空间

复杂度由 $O(d(n+m)^2)$ 降为 $O(d(k+m))$。

2) 目标图像特征子空间向量基的作用

在图像目标跟踪过程中,应用增量 PCA 算法实时构建目标特征向量基,用符号 Basis 表示 U 中 k 个最大奇异值对应的特征向量基。符号 I_ω 表示式(4.25)中的 $I(\omega(P,X_k))$,表征当前锁定的待跟踪目标区域图像。在实时跟踪过程中,兼顾准确性和执行速度两方面的因素,每隔 5 帧进行一次特征图像库的更新,用符号 I_m 表示特征图像库的均值图像,令 $I_d = I_\omega - I_m$。函数 Diag 表示取矩阵对角元素,函数 F_s 表示求取矩阵各行向量之和,且将原始 $m \times n$ 维矩阵压缩为 $m \times 1$ 维矩阵。则式(4.26)中的第一项 $\dfrac{\partial h}{\partial I}$ 可以表示如下:

$$\frac{\partial h}{\partial I} = 2I_d - F_s(2 \cdot \text{Basis} \cdot \text{Diag}(\text{Basis}^T \cdot I_d)) \tag{4.35}$$

图 4.3.4 所示图像为针对测试集 Sylv 的第 101 帧图像采用本章特征子空间方法获取的图像集合。图 4.3.4(a)的四幅图像从左至右依次为:特征子空间的均值图像、待跟踪图像、重构误差图像和使用特征子空间基的重构图像。图 4.3.4(b)的图像集合为对应于 10 个最相关特征值的 10 个特征子空间基的特征基图像。

(a) 子空间相关图像

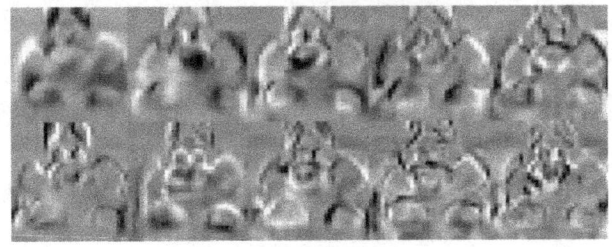

(b) 10个特征值基图像

图 4.3.4　特征子空间图像集

4.4　本章视觉目标跟踪算法的总体框架

经过本章 4.3 部分的理论推理之后,结合具体图像目标跟踪领域,将图像跟踪过程分为参数初始化设定与自动循环执行跟踪两个主要部分,视觉跟踪算法框架如下:

1) 各向量与参数的初始化

（1）由待跟踪目标中心点初始化状态变量 X 和式(4.12)中矩阵 A 的初值，设置搜索窗口大小及粒子滤波采样数 N。

（2）初始化目标图像的子空间特征基，设定向量主元维数为16，同时设定每隔5帧进行一次特征图像库的更新。

2) 执行目标跟踪流程

循环执行以下步骤，以执行图像目标跟踪流程：

（1）经过式(4.12)的计算，由包含目标旋转角度和中心点参数的状态向量 X 值来确定矩阵 A 的值；同步建立并更新目标图像特征向量基 Basis。

（2）由增量 PCA 算法获取 X 对应的目标图像子空间特征基，由式(4.35)求取 $\frac{\partial h}{\partial I}$，进而由式(4.26)求取雅可比矩阵 J_i 的值。

（3）由式(4.18)和式(4.19)计算 μ 和 $\sum$ 的值，进而由式(4.20)和式(4.21)更新 m_k 和 $\sum_k$ 的值。在融入最近的观测值 y_k 后，求取概率 $P(x_k|x_{0:k-1},y_{0:k})$。

（4）根据粒子滤波算法，由式(4.33)求取粒子权值 $w_k^{(i)}$，当粒子权值低于指定阈值时进行粒子重采样处理，由更新后的粒子权值重新计算向量 X 的值。

4.5 基于标准数据源的试验与分析

实验程序采用的硬件平台为：AMD Athlon 4000＋双核处理器、512 MB 内存。试验数据源 Sylv 的跟踪难点在于待跟踪目标在长序列场景中经历了目标姿态、形变与周围光照强度的剧烈变化，图 4.5.1 中(a)组 4 帧图像是采用 D. Ross 的 IVT2008[54] 跟踪器得到的跟踪图像，图 4.5.1 中(b)组 4 帧图像是采用本章跟踪器得到的跟踪图像。

基于数据源 Sylv 的实验中，采样粒子数 N 取 600，维纳过程噪声 dw_k 的协方差 P 取 $diag(0.03^2,0.001^2,0.001^2,0.1^2,10^2,10^2)$，由于视频拍摄速率约为 30 帧/秒，离散时间间隔 Δt 取 1/30 秒。从视频 Sylv 的第 604 帧开始目标的姿态与光照强度均发生剧烈变化时，IVT2008 跟踪器从第 610 帧开始便失去对目标的正确跟踪，从图 4.5.1(a)中的第 627 帧可以看出 IVT2008 跟踪器完全失去对目标的锁定。由图 4.5.1(b)可以看出本章跟踪器在长时间长序列的跟踪过程中，克服了目标姿态、形变与周围光照强度的剧烈变化，成功地跟踪并锁定了试验目标。由于每隔 5 帧实时性地引入了动态子空间特征基的更新，以及在李群空间下状态变量对于抵御噪声扰动的形状不变特性，本章跟踪器窗口可以自适应地调整大小与旋转角度以不断适应目标姿态和距离远近带来的持续变化。

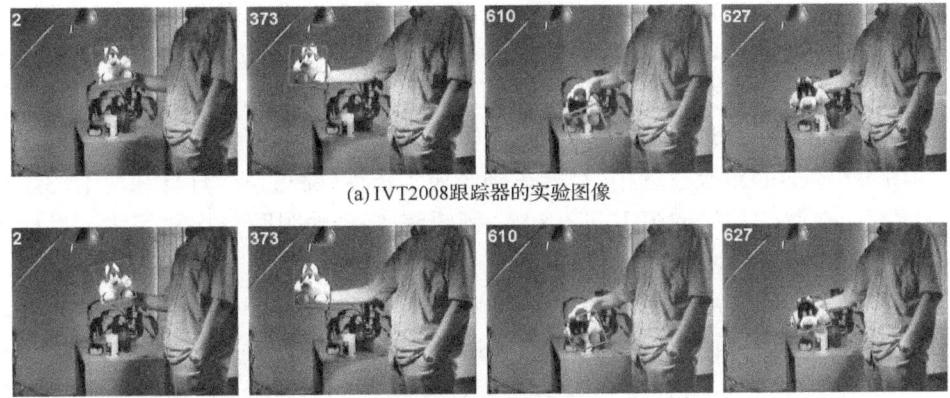

(a) IVT2008跟踪器的实验图像

(b) 本章跟踪器的实验图像

图 4.5.1 基于标准数据源 Sylv 的试验结果

(a) (b) (c)

(d) (e) (f)

(g) (h) (i)

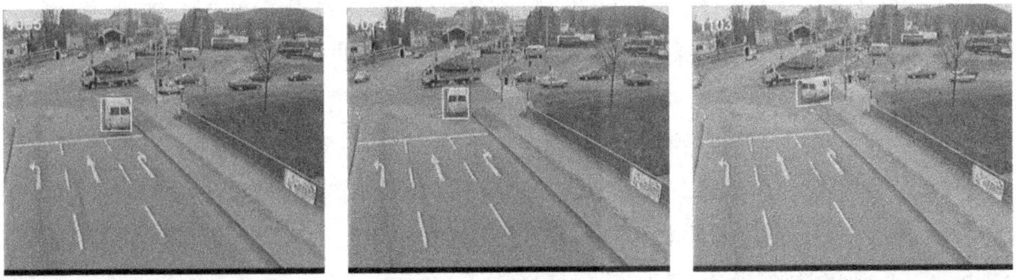

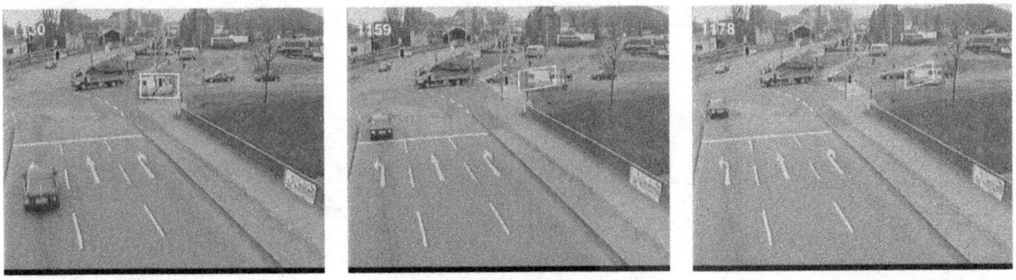

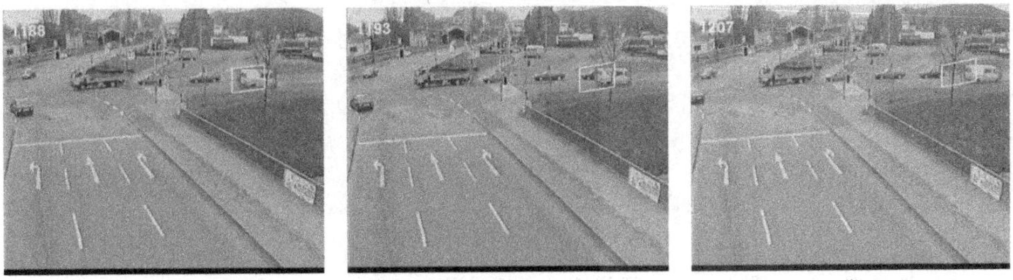

图 4.5.2 3 种跟踪器基于标准数据源 rheinhafen 的试验结果

图 4.5.2(见彩图)(a)～(i)共 9 帧图像是采用本章跟踪器、IVT2008[54] 和 Kwon2010[66] 跟踪器基于标准数据源 rheinhafen 得到的跟踪图像,其中红框为本章跟踪器的跟踪结果,蓝框和黄框分别为 Kwon2010 和 IVT2008 跟踪器的跟踪结果。试验中维纳过程噪声 dw_k 的协方差 P 取 $diag(0.05^2, 0.01^2, 0.01^2, 0.1^2, 7^2, 7^2)$,离散时间间隔 Δt 取 1/30 秒,3 种跟踪器的采样粒子数 N 均取 500。从图 4.5.2 (a)～图 4.5.2(i)的跟踪过程中,目标车辆经历了形变、路边信号灯杆和树干的连续轻度遮拦。在跟踪初始的第 1055～1103 帧跟踪中,3 种跟踪器均跟踪住了目标车辆,且跟踪窗口较好地适应了目标的形变。在第 1130～1207 帧的跟踪过程中,目标车辆经历了连续轻度遮拦的情况下,本章跟踪器和 Kwon2010 跟踪器均成功跟踪住了目标车辆,相对而言 Kwon2010 跟踪器的响应略有滞后。从图 4.5.2(h)和图 4.5.2(i)中可以看出:在车辆经历连续轻度遮拦的情况下,跟踪后期 IVT2008 跟踪器基本丢失了目标车辆,仅能跟踪住目标车辆尾部。

图 4.5.3(见彩图)中(a)组 4 帧图像是采用 D. Ross 的 IVT2008 跟踪器得到的跟踪图像,图 4.5.3 中(b)组 4 帧图像是采用本章跟踪器得到的对应跟踪图像。基于数据源 Car11 的实验中,采样粒子数 N 取 500,维纳过程噪声 dw_k 的协方差 P 取 $diag(0.1^2, 0.01^2, 0.01^2, 0.1^2, 5^2, 5^2)$,离散时间间隔 Δt 取 1/29 秒。总长 393 帧的 Car11 数据源,待跟踪的目标车辆在前行过程中一直受到路面反射灯光、路边缠绕于树上的灯光、转弯时车身姿态的变化和目标车辆距离远近的变化等多种因素的干扰。从图 4.5.3(a)可以看出,从第 2 帧到第 324 帧,在受到诸多噪声因素的扰动下,IVT2008 跟踪器基本上跟踪住了目标车辆。由于后车架设摄像机与前车目标车辆之间的相对固定位置,理想的跟踪窗口不应当产生形变,但由于 IVT2008 跟踪器仅利用目标特征的一维属性进行跟踪,尽管在算法设计上也引入遗忘因子

(a) IVT2008跟踪器的实验图像

(b) 本章跟踪器的实验图像

图 4.5.3 基于标准数据源 Car11 的试验结果

以更新目标特征子空间库,在噪声扰动下跟踪窗口仍然产生了较大的形变,对比图 4.5.3(a)第 2 帧和第 324 帧可以明显看出跟踪窗口产生了明显的倾斜角度。对比图 4.5.3(b)本章跟踪器的试验结果,本章跟踪器成功地跟踪住了目标车辆,跟踪窗口不仅没有偏离目标车辆且并未发生倾斜角度的变化。

表 4.5.1 为分别采用本章跟踪器、IVT2008[2]和 Kwon2010[4]跟踪器基于标准数据源 Sylv、Car11、Dtneu_schnee 和 Dtneu_winter 得出的相关跟踪试验数据。数据源 Dtneu_schnee 和 Dtneu_winter 的主要跟踪难点在于目标车辆行进中姿态与距离的变化、雪花的持续性干扰和路边标识牌的遮挡。

表 4.5.1 基于 4 组标准数据源的试验测试数据

试验数据源	选用跟踪器	粒子数(个)	帧数(帧)	跟踪成功率(%)	执行时间(秒/帧)
Sylv	本章跟踪器	600	736	96.5%	0.334 2
Sylv	IVT2008	600	736	82.9%	0.253 0
Sylv	Kwon2010	600	736	94.6%	0.647 5
Car11	本章跟踪器	500	393	97.5%	0.332 0
Car11	IVT2008	500	393	94.2%	0.251 9
Car11	Kwon2010	500	393	96.7%	0.641 3
dtneu_schnee	本章跟踪器	400	336	96.1%	0.325 4
dtneu_schnee	IVT2008	400	336	88.9%	0.244 2
dtneu_schnee	Kwon2010	400	336	95.2%	0.633 7
dtneu_winter	本章跟踪器	400	172	97.7%	0.321 8
dtneu_winter	IVT2008	400	172	93.0%	0.241 1
dtneu_winter	Kwon2010	400	172	96.5%	0.632 8

对比跟踪成功率这一项数据,本章跟踪器的成功率在 96.1%～97.7%之间,Kwon2010 跟踪器的成功率在 94.6%～96.7%之间,IVT2008 跟踪器的成功率在 82.9%～94.2%之间。本章跟踪器的跟踪成功率要略高于 Kwon2010 跟踪器,而这两者又明显高于 IVT2008 跟踪器。主要原因在于 IVT2008 跟踪器尽管也引入待跟踪目标特征的更新与学习机制,使得 IVT2008 跟踪器的算法复杂度虽然降低为 $O(k+m)$,但其算法框架简单且缺乏有效手段降低复杂背景噪声带来的实时干扰;例如在噪声扰动较为严重的 Sylv 和 Dtneu_schnee 测试集中,IVT2008 跟踪器的成功率尚不到 90%,主要由于跟踪过程中受到光照和雪花等噪声扰动后,跟踪窗口形变造成的失跟现象。

对比平均执行时间一项数据,本章跟踪器的平均执行时间介于 0.321 8～0.334 2秒/帧之间,明显优于 Kwon2010 跟踪器的平均执行时间(0.632 8～0.647 5 秒/

帧)。Kwon2010 跟踪器由于在计算目标图像模板时采用了较为耗时的图像协方差描述符[9],在 $W \times H$ 图像区域中 Kwon2010 跟踪器使用 d 维特征向量构建协方差描述符,综合处理流程中的奇异值分解等算法,其算法复杂度达到 $O(WHd^3)$,因而其平均执行时间近似 2 倍于本章跟踪器。本章算法在初始化阶段一次性获得图像的子空间特征基,后续的增量 PCA 算法在进行每一次子空间更新的过程中,充分地利用了 k 个最大奇异值及其对应的基向量。相对于全局范围的奇异值分解而言,增量 PCA 算法将算法的空间复杂度由 $O((n+m)^2)$ 降为 $O(k+m)$。引入增量 PCA 算法显著提高了算法的实时性能,为计算粒子权值时融入测量向量奠定了时间基础。综合整个算法流程而言,本章跟踪器算法复杂度最终为 $O(n+m)$;相对于 IVT2008 跟踪器 $O(k+m)$ 的算法复杂度,本章方法增加约 0.08 秒/帧的处理时间,平均获取 8% 左右的跟踪成功率。

5 基于在线学习理论的车辆识别与跟踪

5.1 车辆在线识别跟踪难点及研究背景

美国卡耐基梅隆大学 NREC 课题组 2010 年的研究课题"车辆分类器"项目，采用架设在车辆顶部的车载摄像机对前方路面进行实时监测，利用有效的机器学习算法对前方出现的车辆进行在线分类，从而帮助驾驶员进行变道、并道和避障等辅助驾驶。对于机器学习算法的人脸检测识别而言，需要事先获取完备的人脸样本集，采用诸如 Adaboost 等学习算法基于离线样本集训练检测器，从而达到对待测样本进行分类与识别。但是在针对车辆的检测识别与跟踪过程中，由于车辆的种类、外形和几何尺寸差别均很大，且不同场景中摄像机架设的高度、角度与姿态各异，因此很难获取一个相对完备的车辆样本集来表征目标车辆的各种运行状态。在车辆检测分类与识别中，需要突破针对固定样本集先训练再检测的传统模式，利用计算机视觉和机器学习算法，实时检测、定位与提取行车环境中的车辆信息，帮助分类器快速有效地进行在线识别。

不同于传统需要提供大量样本数据进行批处理式训练的机器学习算法，在线学习关注数据实时变化时，每个训练样本只被检测、读取与训练一次的情况下如何更加有效地分类与识别。B. Babenko 综述了当前的一些在线 boosting 算法，在广泛的数据集上针对人脸表情检测、头部姿态估计和两类在线分类等问题进行了计算与评估。S. Salti 从样本的选择与标识、特征的提取、模型的估计与更新等细节层面上针对当前常见的在线 boosting 分类器的性能进行了评估与综述。M. Grabner 同样也将视觉跟踪视为连续帧中待测特征匹配问题，不断地在线学习目标区域的局部特征以提高系统检测的稳定性。H. Grabner 提出 online boosting[83]算法用于运动目标的在线检测与跟踪问题，该方法将跟踪过程视为两类识别问题，试图在目标跟踪过程中，在线更新目标的特征集以解决运动目标形变带来的跟踪难点问题。这类在线监督学习方法由于自学习更新问题，容易造成跟踪过程中的目标丢失，尤其是面对长时间序列、图像序列中存在大面积遮拦的运动目标跟踪。在线车辆检测分类与跟踪过程中，系统性能的优劣取决于前景目标检测技术、在线正负样本的搜索与产生方式、选用的样本特征、分类器的设计与训练等多重因素。在车辆的检测与识别方面,N. T. Thi 使用在线 boosting 结合交互式训练框架,利用 Harr-like 特征、方向直方图与 LBP 纹理特征训练在线检测器,针对高分辨率航空图像中的车辆进行检测与分类。Chang Wen-Chung 提出一种在线车辆训练系统针对公路场景下的目标车辆进行在线检测与跟踪,该系统首先基于初步标识的训练样本由一个在线训练选择器选择相应的强分类器,之后强分类训练器循环地训练与选择弱分类器以更新该强分类器,并最终实时处理后续的新训练样本以完成在线车辆检测与跟踪功能。

5.2 基于运动模板检测的 online boosting 算法

运动模板由麻省理工学院多媒体试验室提出,随后的几年中 J. Davis 改进了最初的运动模板模型[86],将运动方向信息融入运动模板中,进一步地提高了该模型的实时检测性能,运动模板是一种尤其适用于姿态检测与识别的数学模型。本章融合运动模板检测与在线 boosting 算法提出基于运动模板检测的 online boosting 算法(以下简称 MT online boosting),采用 Adaboost 算法事先训练初始样本集,利用运动模板检测方法缩小目标的搜索区域,将分类器引导到指定区域对在线学习样本进行实时判别。

5.2.1 MT online boosting 算法的构成与执行流程

MT online boosting 算法的组成框架主要由初始训练样本集、运动模板检测器、弱分类器、选择器和强分类器构成,借鉴了 H. Grabner 的理论,算法具体组成元素如下:

①给定初始训练样本集 $X_L = \{\langle x_1, y_1 \rangle, \cdots, \langle x_L, y_L \rangle \mid x_i \in R^m, y_i \in \{-1, +1\}\}$,其中 x_i 表示 m 维给定图像样本,y_i 表示相应样本的分类标识,-1、$+1$ 分别表示负样本和正样本标识。

②运动模板检测器:采用运动模板检测方法,针对新图像帧中的前景目标区域进行准确、实时预测,配合最优置信度搜索方法检测出在线正负学习样本 x。

③弱分类器 $h_{n,m}$:每个弱分类器仅具备稍好于随机猜测的分类能力,其分类错误率小于 50%,每个弱分类器都有两个参数 $\lambda_{n,m}^c$ 和 $\lambda_{n,m}^w$,分别表示对应弱分类器 $h_{n,m}$ 的累积分类正确权值和累积分类错误权值。

④选择器 h_n^{sel}:给定 M 个弱分类器组成集合 $\{h_{n,1}, h_{n,2}, \cdots, h_{n,M}\}$,由选择器确定累积分类错误率 $e_{n,m}$ 最低的弱分类器加入到强分类器中,$e_{n,m}$ 的计算见式(5.1),用符号 α_n 表征相应选择器 h_n^{sel} 的投票权值。

$$e_{n,m} = \frac{\lambda_{n,m}^w}{\lambda_{n,m}^w + \lambda_{n,m}^c} \tag{5.1}$$

$$m^+ = \arg\min_m e_{n,m}, m \in \{1:M\} \tag{5.2}$$

$$h_n^{\text{sel}} = h_{n,m+}(x) \tag{5.3}$$

⑤强分类器 H^{strong}：给定一组 N 个弱分类器，强分类器由弱分类器加权计算组合而成，具备相对强的分类能力。

$$H^{\text{strong}} = \text{sign}\Big(\sum_{n=1}^{N} \alpha_n \ h_n^{\text{sel}}(x)\Big) \tag{5.4}$$

图 5.2.1 为 MT online boosting 算法执行流程图，在运动模板检测方法的引导下提取新图像帧中的前景目标区域，基于样本特征的最优置信度方法在搜索区域获取在线学习样本 x。特征池中所有弱分类器被分为 N 组，每一组由 M 个弱分类器组成，每一组弱分类器 $h_{n,m}$ 均基于在线学习样本 x 进行识别，反映识别难度的

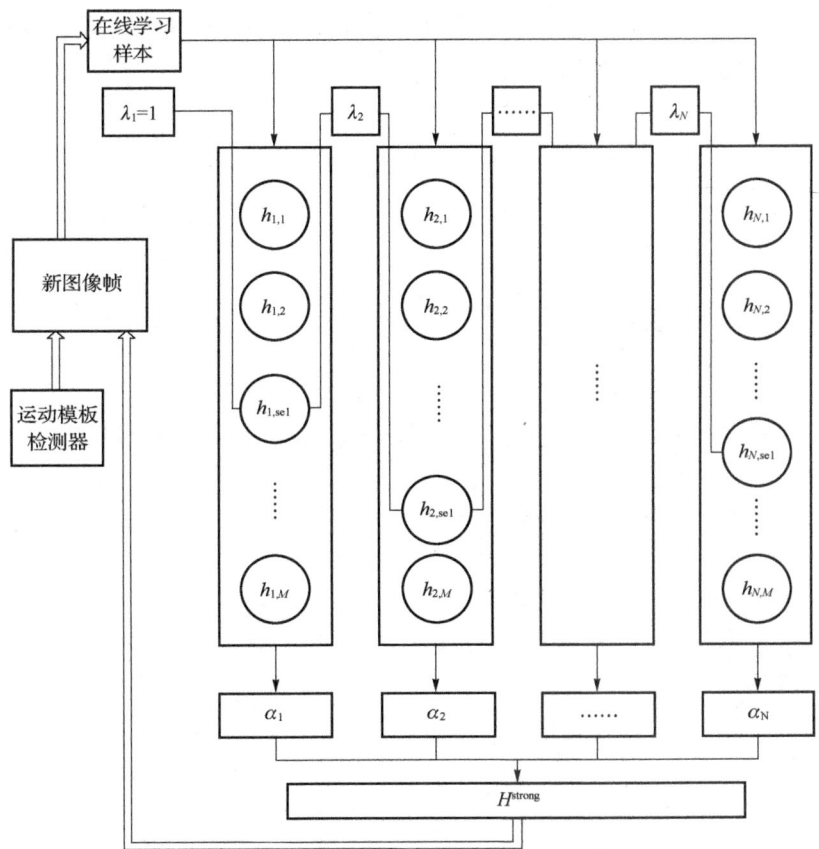

图 5.2.1　MT online boosting 算法的执行流程

权值 λ 初值为 1，贯穿于 N 个选择器中，每组选择器 h_n^{sel} 依据弱分类器对应的分类错误率 $e_{n,m}$ 挑选出该组最优的弱分类器，具有最小分类错误率的弱分类器被选择，相应的投票权重 α_n 和 λ 被更新，如果 x 被错分则 λ 增加，否则 λ 减少。最终的强分类器由 N 个选择器选择出的弱分类器线性加权组合而成。

MT online boosting 算法的输入参数：样本初值集合 X_L；弱分类器集合 $h_{n,m}$ 及累积权值参数 $\lambda_{n,m}^c$ 和 $\lambda_{n,m}^w$，其中 $n=1\cdots N$，$m=1\cdots M$。$h_{n,m}$ 由 Adaboost 算法基于 X_L 训练并挑选。x 为在线学习样本，权值 λ 初值设定为 1。MT online boosting 算法的执行步骤如下：

针对 $n=1\cdots N$ 执行以下循环
{
 针对 $m=1\cdots M$ 执行循环
 {
  $h_{n,m}=\text{update}(h_{n,m},\langle x,y \rangle,\lambda)$ // 更新每一个弱分类器 $h_{n,m}$ 及对应参数 λ
  // 估计分类错误率
  if $y=h_{n,m}(x)$ then
   $\lambda_{n,m}^c=\lambda_{n,m}^c+\lambda$
  else
   $\lambda_{n,m}^w=\lambda_{n,m}^w+\lambda$
  end if
  $e_{n,m}=\dfrac{\lambda_{n,m}^w}{\lambda_{n,m}^w+\lambda_{n,m}^c}$
 }
 $m^+=\arg\min_m e_{n,m}$；$e_n=e_{n,m+}$；$h_n^{\text{sel}}=h_{n,m+}(x)$ // 选择器选择 $e_{n,m}$ 最低的弱分类器
 if ($e_n=0$ 或 $e_n>0.5$) then
  exit
 end if
 $\alpha_n=0.5\cdot\ln\left(\dfrac{1-e_n}{e_n}\right)$ // 计算 α_n
 // 计算权值 λ
 if $h_n^{\text{sel}}(x)=y$ then
  $\lambda=\lambda\cdot\dfrac{1}{2\cdot(1-e_n)}$
 else
  $\lambda=\lambda\cdot\dfrac{1}{2\cdot e_n}$

end if
$m^- = \arg\max_m(e_{n,m})$；$\lambda_{n,m^-}^c = 1$；$\lambda_{n,m^-}^w = 1$ // 重置最差弱分类器
重置新的弱分类器 h_{n,m^-}
}

5.2.2 MT online boosting 算法中识别特征的选择

分类器的计算与更新过程中，使用特征代替像素值作为采集元素可以使得模式分类更为简单与高效。特征包括了特定区域的先验知识，P. Viola[87]提出采用与Harr小波描述符相似的四矩形特征，结合级联分类器成功地用于车辆的快速性检测方面。R. Lienhart[88]在此基础上派生出新的旋转45°矩形特征，扩展了传统四矩形特征，提出的扩展Harr-like特征共分为边缘特征、线性特征、区域特征和对角特征四类，扩展Harr-like特征在目标检测识别中显示出良好的特性与检测速度，利用扩展Harr-like特征可以方便地通过构建积分图像进行快速的训练。

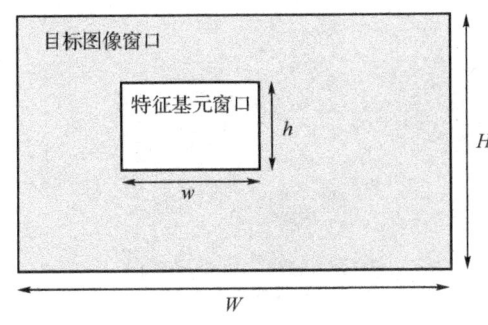

图 5.2.2　目标与特征基元示意图

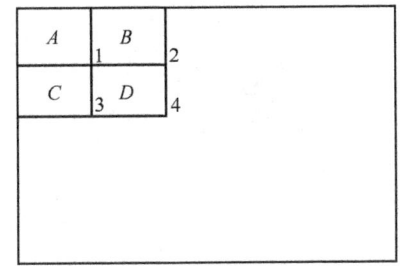

图 5.2.3　积分图像示意图

如图 5.2.2 所示，假定目标图像窗口和某一扩展 Harr-like 特征基元窗口的宽高度分别为：W 像素×H 像素、w 像素×h 像素。令 $X=\lfloor W/w \rfloor$，$Y=\lfloor H/h \rfloor$，则在一块特定图像区域中该特征的数目 N_p 为：

$$N_p = XY \cdot \left(W+1-w\frac{X+1}{2}\right)\left(H+1-h\frac{Y+1}{2}\right) \tag{5.5}$$

仅统计扩展 Harr-like 特征其中的 5 种特征基元，在 24 像素×24 像素大小的目标图像窗口中共有 79 264 个矩形特征[88]，如此庞大的特征集是无法在线分类学习的，本章实验预先获取一定数量的正负样本，使用 Adaboost 算法挑选 $N \times M$ 个特征，保持特征数与 MT online boosting 算法中的弱分类器数目一致，以作为 MT online boosting 算法使用的初始特征集。同时为有效减少重叠区域的重复计算，采用积分图像技术加快矩形特征的计算，图像中位置 (x,y) 处的积分图像包括 (x,y) 左上方矩形区域内的像素和。如图 5.2.3 所示，矩形区域 D 内的像素和可以用

4个参考位置的积分图像值进行计算,位置1的积分图像值为矩形A内的像素和,位置2、位置3和位置4的积分图像值分别为矩形$(A+B)$、$(A+C)$和$(A+B+C+D)$内的像素和,因此矩形区域D内的像素和可以用4个位置像素和"4-(2+3)+1"的计算原则来表示。

5.2.3 在线学习样本的检测定位及弱分类器的更新

1) 在线学习样本的检测定位

用于训练Adaboost算法的初始正负样本可人为选定标识。但是一旦启动在线识别算法,从增强算法智能化与实用性的角度出发,算法的后续执行步骤应尽可能减少或取消人为干预,关键的难点问题是:在线识别开始后的相继各图像帧中,准确且实时性地选定目标前景图像与相应背景图像提供给分类器进行学习与更新[89]。

①传统online Boosting的目标检测定位方法

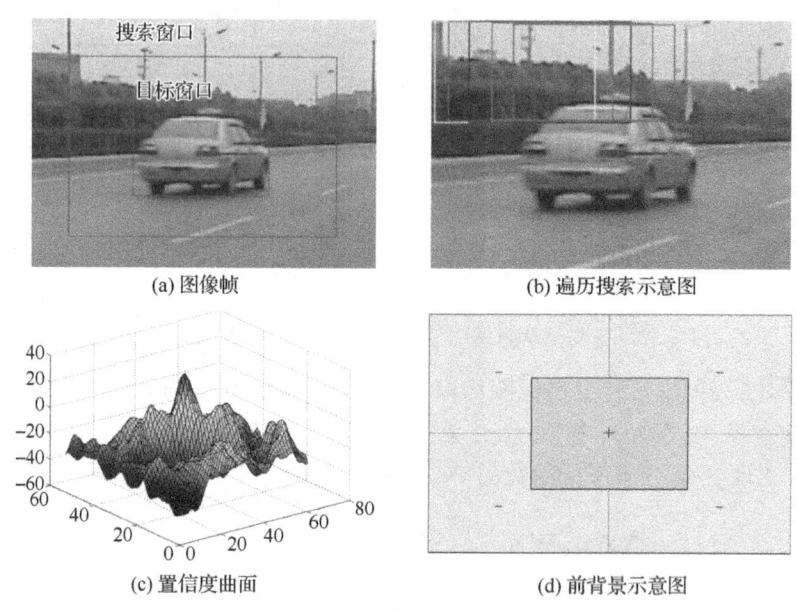

图 5.2.4 online boosting算法前景检测原理

online Boosting算法中设置一个专门的检测器以进行前景目标检测,原理如图 5.2.4。图 5.2.4(a)为识别算法开始后的某一帧图像,假定待识别目标为图像5.2.4(a)中大小为a像素$\times b$像素行驶车辆,其位置由车辆附近的内框标注。H. Grabner的理论认为[83]:即便目标快速运动,在相邻两帧图像中目标的移动区域也不会超出一定范围,根据上一帧目标所在位置在当前帧中确定一个$2a$像素$\times$

$2b$ 像素搜索窗口,其位置由外框标注。如图 5.2.4(b)所示,按目标尺寸遍历搜索整个搜索窗口,依据分类器对所有可能目标位置进行评估,得到图 5.2.4(c)置信度曲面,曲面中置信度最优点即判定为目标所在位置。图 5.2.4(d)所示为:假定由检测器确定的目标区域正样本位于中央区域,则周围区域图像则被选定为背景区域负样本。依据分类器对目标位置进行检测的方法存在的问题是:由分类器选定的目标图像与背景图像作为正负样本参与后续相关分类器的更新,下一轮循环再由分类器进行前背景检测,这种属于自学习的检测方法容易造成学习漂移问题,一次错误的标识或分类错误将会导致分类器累积误差越来越严重,最终造成分类器完全失效。由于在线分类算法自身需要实时更新分类器与相关参数,引导正负样本检出的前景目标检测技术需同时兼顾快速性与准确率高的特性,因而 H. Grabner 在 H. Grabner 中也提出:为获取目标的最优检测可以采用诸如 meanshift 等运动跟踪方法以有效地缩小搜索窗口。然而 meanshift 算法主要存在以下问题:①较易受到相似物体的遮挡和强噪声的干扰而导致检测与跟踪的偏离。②计算量相对较大,局限于对运动目标的成功检出,而忽略了对运动方向的实时检测。

②本章 MT online boosting 算法中前景目标的检测

运动模板模型的提出主要源于人机交互与虚拟现实的研究项目,可以用于人体和车辆运动的检测跟踪方面[90][91]。用符号 D 表示指示运动区域的二进制图像序列,$D(x,y,t)$ 则表示时刻 t 图像 D 在坐标(x,y)下的值。在实时得到连续的轮廓图像序列 $\{D_1, D_2, \cdots, D_n\}$ 之后便可以基于此构建运动历史图像 MHI,对于 MHI 的像素基元 H_x 来说,其值意味着像素点(x,y)处临时历史运动的密度信息[89]。

$$H_x(x,y,t) = \begin{cases} \tau & \text{if } D(x,y,t) = 1 \\ \max(0, H_x(x,y,t-1)-1) & \text{if } D(x,y,t) \neq 1 \end{cases} \quad (5.6)$$

由像素基元 H_x 便可以构成序列运动历史图像 MHI。运动历史图像的模型也可以表述为如下更为直观的形式[86]:

$$\text{MHI}_\delta(x,y) = \begin{cases} \tau & \text{if } \quad 坐标(x,y) \text{ 存在当今的轮廓信息} \\ 0 & \text{if } \quad \text{MHI}_\delta(x,y) < (\tau-\delta) \end{cases} \quad (5.7)$$

式(5.7)中 τ 表示当前的时间滞留值,δ 表示最大时间持续常量,也即时间滞留的最大值。从式(5.7)中可以看出:MHI 包含有序列运动的能量信息和方向、时间信息。这种有向图像模板又称为运动模板[89],研究有向图像模板的思路类似于 D. Jones 和 J. Malik 提出的一种计算帧间立体匹配的方法。运动模板不仅可以应用于检测运动的方向信息,同时配合矩特征还可以用于目标的识别和分类[86]。J. Davis 在人机互动试验 项目中成功地采用这种方法检测和分类人体姿态信息。

由于车辆具有较好的刚性特征,车头的转向与车身运动也可以采用运动模板检测方法捕获运动特征。

(a) 原理示意图

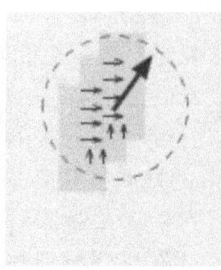
(b) 方向捕捉示意图

(c) 人体站立图像

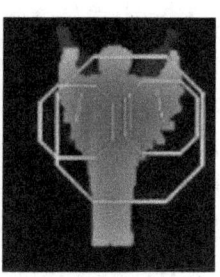
(d) 运动历史图像

图 5.2.5　运动模板检测原理图

图 5.2.5 为运动模板原理示意图,图 5.2.5(a)表示人体站立时手臂由下而上的摆动过程,图 5.2.5(b)表示相应运动历史图像对手臂运动方向的捕捉,图 5.2.5(c)和图 5.2.5(d)分别表示人体实际站立图像、相应的运动历史图像。只要有效捕获序列运动历史图像,就可以用相应的手段提取其中的运动信息,最终获知运动目标的整体运动方向。运用 Sobel 梯度模板和 MHI 图像进行卷积运算就可以获得梯度图像 $F_x(x,y)$ 和 $F_y(x,y)$,Sobel 模板的形式如下[91]:

$$F_x = \begin{bmatrix} -1 & 0 & 1 \\ -2 & 0 & 2 \\ -1 & 0 & 1 \end{bmatrix}, F_y = \begin{bmatrix} 1 & 2 & 1 \\ 0 & 0 & 0 \\ -1 & -2 & -1 \end{bmatrix} \tag{5.8}$$

获得梯度图像 $F_x(x,y)$ 和 $F_y(x,y)$ 后,采用式(5.9)计算局部梯度方向 $\phi(x,y)$[90]:

$$\phi(x,y) = \arctan(F_y(x,y)/F_x(x,y)) \tag{5.9}$$

再根据式(5.10)可以提取运动目标全局运动方向 $\bar{\phi}$ [90]:

$$\bar{\phi} = \phi_{ref} + \Big[\sum_{x,y} \text{angDiff}(\phi(x,y),\phi_{ref}) \times \text{norm}(\tau,\delta,\text{MHI}_\delta(x,y))\Big] \Big/ \sum_{x,y} \text{norm}(\tau,\delta,\text{MHI}_\delta(x,y)) \tag{5.10}$$

局部梯度方向 $\phi(x,y)$ 表示的是目标中运动部分的方向信息,全局运动方向 $\bar{\phi}$ 表示的是目标整体运动的总体方向。式(5.10)中,ϕ_{ref} 是基准参考角度,$\phi(x,y)$ 的解释见式(5.9),τ 和 δ 的解释见式(5.7),norm 函数是归一化的 MHI,angDiff 函数表示的是 $\phi(x,y)$ 和 ϕ_{ref} 之间的差分矢量。本章实验采用的硬件平台均为:Intel P6200 系列 2.13G 处理器、2G 的 RAM,程序采用 Visual studio 2008 C++语言编程。选取标准测试视频"dtneu_schnee.mpg"进行试验,需要检测的前景目标是左侧道路上行驶中的主要车辆,试验难点在于强雪的实时干扰。

图 5.2.6(见彩图)(a)~(d)图显示的是应用运动模板针对左侧主干道路上运动车辆的检测结果,图 5.2.6(e)~(i)图对应运动历史图像的检出结果,图 5.2.6(j)~(m)图显示的是使用 OpenCV 自带的前景检测算法的试验结果。通过对比可以看出:对于左侧道路进入视野范围内的移动车辆,运动模板的方法不仅检测出了目标,而且确定出了目标车辆的移动方向,用圆形框圈定目标车辆的位置,用圆内的线段走向预判车辆运动的方向,运动模板检测方法处理速率达到 25 帧/秒。OpenCV 自带的前景检测算法抗噪声能力不足,通过 4 帧检测图像图 5.2.6(j)~(m)可以看出有很多矩形框圈定在路面的白色线标记和一些不相关的噪声上,不能够检测出目标的运动方向,OpenCV 自带的前景检测算法处理速率为 20 帧/秒。

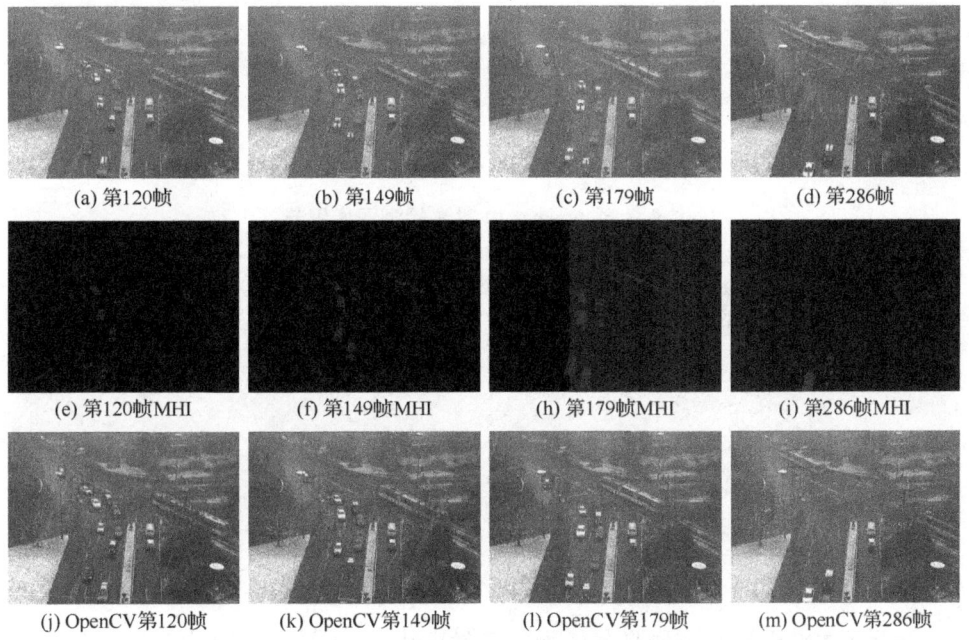

图 5.2.6　dtneu_schnee 试验结果

图 5.2.7(见彩图)是采用运动模板方法针对标准测试视频"dtneu_winter.mpg"的测试结果,该项试验反映的是在没有采取附加措施的情况下运动模板检测的抗遮拦能力,待检测车辆为第 63 帧中左上方框定的黄色小车,第 73 帧车辆大部分被路边交通标识牌遮挡、第 85 帧车头部分刚穿过标识牌,运动模板检测方法均成功检测出车辆,第 63~118 帧试验说明运动模板检测具备强抗遮拦能力。

图 5.2.8(见彩图)是采用 meanshift 算法对视频"dtneu_winter.mpg"的横向测试对比结果,待检测车辆在第 63 帧已被锁定,第 73~118 帧跟踪窗口没能跟随住运动车辆,收敛在路边交通标识牌上。显然在目标受到类似遮挡时,在线分类中如果采用 meanshift 算法预判目标位置会加重分类器的累积误差从而导致分类器最终失效。

(a) 第63帧细节　　(b) 第73帧细节　　(c) 第85帧细节　　(d) 第118帧细节

图 5.2.7　运动模板检测图像细节

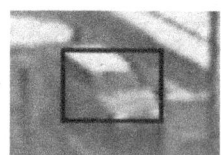 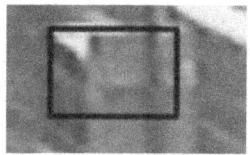 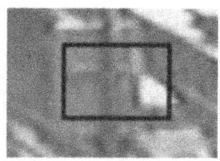 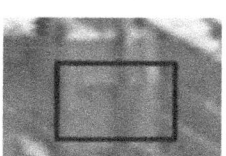

(a) 第63帧细节　　(b) 第73帧细节　　(c) 第85帧细节　　(d) 第118帧细节

图 5.2.8　meanshift 算法检测图像细节

 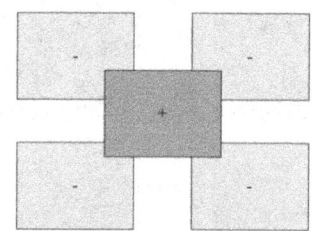

(a) 搜索定位示意图　　　　　　(b) 正负样本位置图

图 5.2.9　正负样本的定位原理图

由于运动模板检测方法具备较强的抗噪声扰动、抗强遮挡能力与实时性能,本章 MT online boosting 算法采用运动模板检测方法预判前景目标所在位置,图 5.2.9(见彩图)(a) 内框为运动模板跟踪窗口,由于算法误差跟踪窗口不可能完全准确地定位目标,因此在 1.3 倍搜索窗口大小范围内,重新依据特征信息获取最优置信度以确定在线正样本的准确位置。参照图 5.2.9(a)和(b),相对 online boosting 算法以 2 倍目标窗口遍历搜索定位正样本,采用运动模板检测方法预判目标位置可以很大程度上缩小搜索范围。关于 MT online boosting 算法中在线正负样

本 x 的提取方法如图 5.2.9(b)所示,假定中央矩形区域为检测器确定的目标正样本,则提取正样本周围 2.5 倍区域内的背景图像作为负样本,这种几何更新方法可以使得分类器在目标邻近采样负样本进行训练,将正负样本图像送入分类器作为在线样本 x 进行实时学习。

2) 弱分类器的更新

在线分类框架中,弱分类器的更新关系到算法性能的重要一环。MT online boosting 算法中,使用贝叶斯判决作为弱分类器的判决标准,对应于特征 j 的弱分类器 $h_j(x)$ 可以表达为:

$$h_j(x) = \text{sign}(P(1 \mid f_j(x)) - P(-1 \mid f_j(x))) \tag{5.11}$$

采用 N.T.Thi 的计算方法,式(5.11)中 $f_j(x)$ 是关于在线学习样本 x 在特征 j 下的特征函数。基于样本集合的均值与方差,采用高斯分布近似描述正、负样本的概率,因而式(5.11)可以改写为:

$$h_j(x) \approx \text{sign}(N(f_j(x) \mid \mu^+, \sigma^+) - N(f_j(x) \mid \mu^-, \sigma^-)) \tag{5.12}$$

式(5.12)中,$N(f_j(x) \mid \mu^+, \sigma^+)$ 为正样本高斯分布下 $f_j(x)$ 的概率值,$N(f_j(x) \mid \mu^-, \sigma^-)$ 为负样本高斯分布下 $f_j(x)$ 的概率值,依据在线学习样本 x 逐次更新 (μ^+, σ^+)、(μ^-, σ^-),因而在分类器的更新过程中,只需要根据在线学习样本 x 更新正、负样本对应特征维度上的高斯分布。

5.2.4 参数设置及试验结果

从标准测试视频"dtneu_winter.mpg"中手动人工选取 100 幅小车的正样本图像,在路面图像帧中选取 400 幅背景图像,经归一化处理后由 Adaboost 算法进行预先训练以挑选出进入后续在线识别的初始特征集,图 5.2.10(见彩图)为从 dtneu_winter 中选定的部分正负样本图像集合。

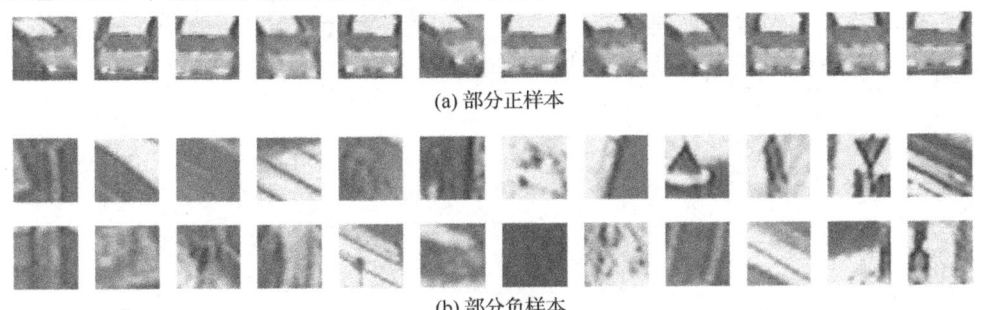

(a) 部分正样本

(b) 部分负样本

图 5.2.10 选定的部分正负样本

图 5.2.11 为采用 online boosting 和 MT online boosting 分类器针对 dtneu_winter 视频进行在线识别的检测结果，待识别目标为行进中受路灯与交通标志牌遮挡的小车，跟踪窗口尺度 25 像素×25 像素。图 5.2.11(a)~(h)中，online boosting、MT online boosting 分类器识别出的目标车辆位置分别采用红色框、黄色框进行指示。

MT online boosting 算法从初始特征集中获取 10 000 个识别特征，分配给特征池中的弱分类器，选择器数量 N 取 50，每一组弱分类器数量 M 为 200，每一个初始识别特征对应相应弱分类器，online boosting 算法对应参数取相同值。图 5.2.11(a)~(c)为目标车辆经过路灯的第 1 次轻度遮挡，online boosting 和 MT online boosting 算法均正确识别出目标车辆，图 5.2.11(c)~(g)为目标车辆经过路边交通标识牌的第 2 次重度遮挡过程中两种算法的识别结果，第 70 帧左右车辆的主体部分几乎完全被遮挡，MT online boosting 算法经过重度遮挡仍然正确识别出目标车辆，而 online boosting 算法则未能正确识别出车辆，识别窗口最后锁定在交通标识牌上。算法处理速率的对比上，online boosting 算法平均处理速率为 10 帧/秒，而 MT online boosting 算法由于引入了方向检测从而减少了搜索窗口的范围，处理速率达到 15 帧/秒。图 5.2.11(h)为两种算法的置信度曲线对比，其中红色曲线、绿色曲线分别表示 online boosting 算法、MT online boosting 算法正样本识别最优置信度与帧数的对应关系。从置信度曲线分析，第 50 帧左右车辆第 1 次轻度遮挡、第 70 帧左右车辆第 2 次重度遮挡过程中，两种算法的置信度都经历过正样本置信度明显下降与回升阶段。第 50 帧目标车辆第 1 次被遮挡时刻，置信度的明显下降说明分类器对估计的正样本信心不足。第 1 次被遮挡时由于车辆主体被挡大部，相对而言 MT online boosting 最低 0.3 的置信度更具有可信度。第 70 帧目标车辆第 2 次被遮拦阶段，从置信度曲线看两种算法正样本置信度均经历了下降与回升，online boosting 算法在经历了重度遮挡后似乎又重新锁定住"目标"，这种伪现象可以理解为：经历了约 70 多帧共 2 次遮拦后，online boosting 算法的正样本特征集已被背景信息渗入，在第 2 次遮拦后 online boosting 算法的分类器误将标识牌作为正样本进行实时学习。

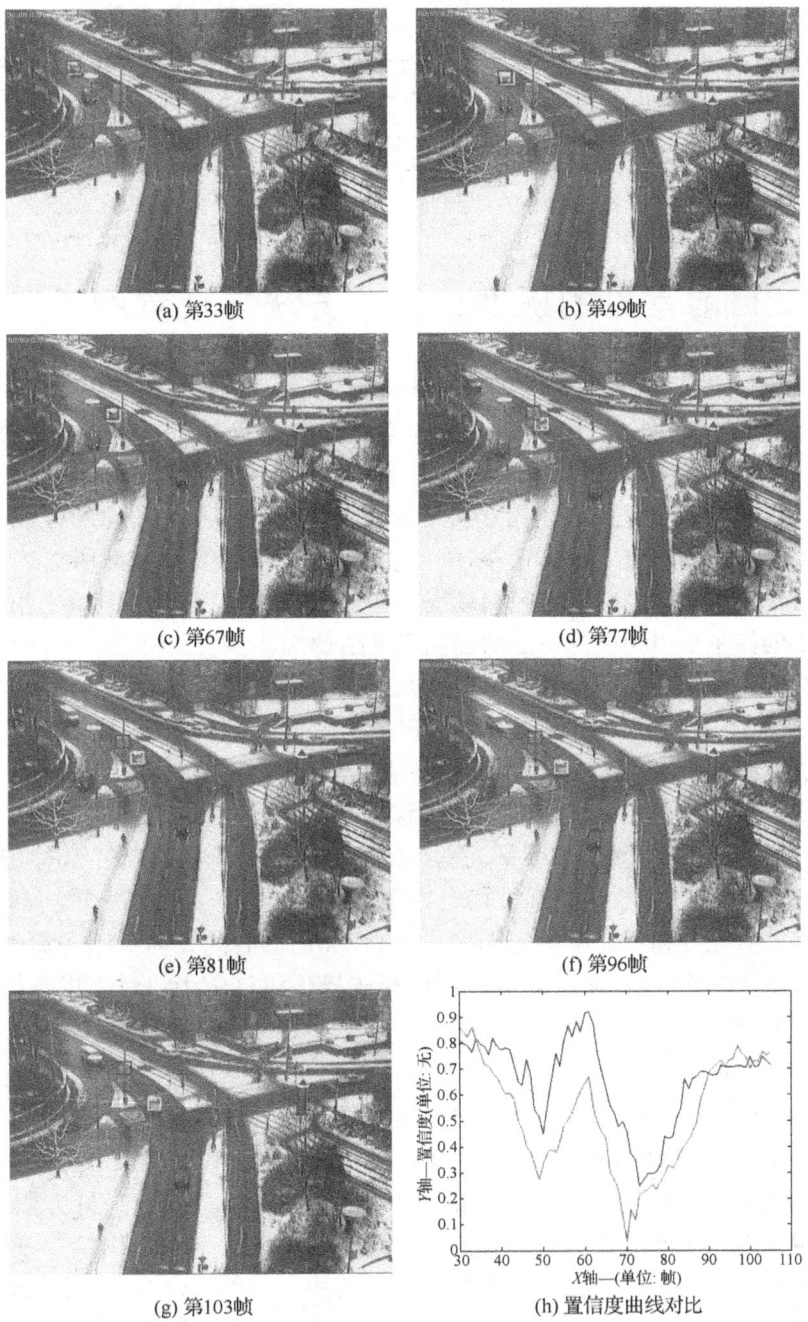

图 5.2.11　标准视频 dtneu_winter 试验图集

6 B对偶空间几何中基于消隐点的摄像机标定与测距

6.1 目前常见的摄像机标定方法与视觉测距

摄像机标定是从CCD摄像机所捕获的图像信息和标定参照物中提取摄像机的内外参数,从而建立起一种空间三维位置信息与图像二维坐标的精确映射联系的技术,这对于自主移动机器人与车辆导航、高精度精密加工与测量、三维重建和机器视觉等领域具有重要的作用。实际的摄像机镜头并不是理想的透镜成像,而是带有不同程度的畸变,从而使得空间点的成像并不是线性模型所描述的位置。实际的摄像机镜头会同时存在径向畸变与切向畸变,一般来说切向畸变相对较小,径向畸变的修正量由距图像中心的径向距离的偶次幂多项式模型表示。目前常见的摄像机标定技术有:基于三维标定物的标定,基于二维平面的标定和摄像机自标定等。在以上几种典型标定方法中,基于三维标定物的标定因需要特定的标定参照物而受到限制;摄像机自标定技术在理论上是一种不错的方法,然而在实际的标定过程中很难做到摄像机平台的完全平移与正交运动,所以在实用性和精度方面必然受到一定的限制;基于二维平面的标定方法具有操作方法简单和标定精度高等特点,典型的如张正友的平面方格点标定[100]和Tsai[101]的两步标定法,但是这两种方法都没有充分利用二维标定图像中点、线和面固有的几何关系与属性。棋盘格标定板由于制作经济、简单而被广泛应用于摄像机标定中。对于棋盘格图像的角点检测通常采用Harris角点检测算法[102][103],Harris算子角点定位在计算过程中需要进行高斯滤波及梯度计算,高斯卷积的圆角效应会使得角点的位置产生较大的偏移,且算法计算量大、对棋盘格标定板图像中的噪声敏感[104]。为了提高标定模板的质量,张浩鹏采用液晶板显示棋盘格图像,算法利用模板的射影不变量约束求解畸变标定点的校正坐标。在摄像机的畸变校正与内参数估计方面,朱云芳针对标定模板图像提出若干条直线拟合单参数畸变模型下的圆弧参数,进而估计出径向畸变。在摄像机主点与畸变中心重合的假定条件下,线性地计算出摄像机焦距初值。在初值基础上进行非线性优化从而得到摄像机内参数。陈爱华利用消失点的性质和标定模板的几何特征,从每幅标定模板图像中获得正交消失点对与标定矩阵之间的两个几何约束条件,从而线性标定出所有摄像机内参数。对比目前常见的 CCD 摄像机标定技术，本章采用了一种基于消隐点的摄像机标定方法。该方法基于射影几何中的 B 对偶空间几何概念，在充分利用了二维棋盘格标定图像中点、线和面固有的几何关系与属性的基础上，通过改进的角点提取与计算，首先针对摄像机内参数中的横向焦距与纵向焦距进行计算，然后结合非线性优化方法对参数进行优化计算，从而求解出待标定摄像机的全部内参数。

目前常用的前车与障碍物测距手段主要包括超声波、雷达、激光以及机器视觉等。其中，超声波测距受外界温度影响较大，雷达测距会受其他雷达装置以及通信设备等的电磁波干扰，测量精度均难以得到保证。而激光测距虽然精度较高，但当前方车辆距离较远时，激光束在本车行驶过程中的方向改变可能会造成被测目标丢失。超声波等主动型传感器在车辆类型、尺寸信息获取及车道检测等方面无能为力，信息量的匮乏也限制了其在车距测量中的实际应用[108]。基于机器视觉的目标测距技术对于机器人及自主车辆导航来说具有重要的实际意义，目标车辆的距离、姿态和方位等空间参数的准确获知将对后续阶段的规划与决策有着重要的影响。就计算机视觉中的测距技术而言，目前研究较多的是双目与多目测距。双目和多目测距虽然精度较高，但存在的主要问题有：①需要精确的配准，耗时的配准过程对实时视觉导航来说有着不可忽略的影响。②一些特殊条件的约束，比如基线和摄像机光轴要严格处于同一平面上，这对于摄像机的架设要求极高。就前车车距测量的实际应用而言，可以在路面平坦的前提下，通过单目视觉与图像处理方法来完成该项任务。余厚云和郭磊均利用摄像机内部参数和透视投影的几何关系，给出了基于单目视觉的前方车辆车距测量方法。单目深度提取方法具有操作简单和成本低等优点。本章提出一种建立在高精度摄像机标定基础上的单目深度测距方法，通过对摄像机内参数的准确计算来减小后续单目测距的总体误差。

6.2 B 对偶空间几何中摄像机内参数初值的计算方法

空间几何变换与机器视觉之间有着密切的联系，空间几何变换有射影变换、仿射变换、比例变换和欧氏变换等，各种变换的不变量性质在机器视觉中具有重要的作用。射影变换是一个最为广义的线性变换，B 对偶空间几何的概念源自于计算机视觉中的射影几何，由 J. Y. Bouguetj[111] 首先提出。本章从欧式空间与 B 对偶空间几何中点、线和面的一一对应关系出发，利用二维标定板中点、线和面的固有约束关系，解释从 B 对偶空间中利用相关性质与简洁、有效的几何表达方式解决摄像机参数的标定问题。

6.2.1 B对偶空间几何的相关属性

假设 E 空间为三维世界中的欧氏空间,定义 $F(Oc,Xc,Yc,Zc)$ 为摄像机参考坐标系,其中 Oc 为摄像机光心,坐标系的 X 轴与 Y 轴分别与成像平面的横、纵轴平行。摄像机参考坐标系下,E 空间中的点 P 可以由齐次 4 维向量 $\bar{X}$ 表示,平面 Π 被定义为由一组齐次坐标向量 $\bar{X}$ 表征的 P 点集合构成,且存在如下关系:

$$\langle \bar{\pi}, \bar{X} \rangle = 0 \tag{6.1}$$

式(6.1)中,$\bar{\pi}$ 等价于 $[\pi_x, \pi_y, \pi_z, \pi_t]^T$,其中 $\bar{\pi}$ 经过规范化后使得 $\pi_x^2 + \pi_y^2 + \pi_z^2 = 1$,$\pi_t = -d$。符号 d 表示平面 Π 到摄像机光心 Oc 的正交距离。在摄像机参考坐标系下,$\bar{n}_\pi$ 称为平面 Π 的法向量,$\bar{n}_\pi = [\pi_x, \pi_y, \pi_z]^T$。对于摄像机参考坐标系下的一个齐次 4 维向量 $\bar{\pi}(\pi_x, \pi_y, \pi_z, \pi_t)$ 表示一个平面 Π,如果平面 Π 没有包括摄像机光心 Oc,则该平面 Π 可以用一个 B 双空间中的三维量 $\bar{\omega}(\omega_x, \omega_y, \omega_z)$ 来表示,并且满足关系 $\langle \bar{\omega}, \bar{X} \rangle = 1$,其中 $\bar{X} = [X, Y, Z]$。$\bar{\pi}$ 与 $\bar{\omega}$ 的关系可以进一步地用式(6.2)来表示[111]:

$$\bar{\omega} = \frac{-1}{\pi_t}[\pi_x, \pi_y, \pi_z] (\text{if } \pi_t \neq 0) \tag{6.2}$$

将欧氏空间中的平面 $\bar{\pi}$ 映射为 B 对偶空间中的一个点 $\bar{\omega}$,$\bar{\omega} \in B$,符号 B 为对应 R^3 中的 B 对偶空间。由于每一个点 $\bar{\omega}$ 对应于 E 空间中的唯一平面 Π,故称符号 B 为 B 对偶空间或 B 双空间。由于在基于二维标定板的摄像机标定过程中,标定板平面总是不可能包括摄像机光心,或摄像机光心不可能处于选定的标定板图像平面上。因此在摄像机标定过程中,式(6.2)的假设条件总是满足的。现将欧氏空间(E 空间)和 B 对偶空间(B 空间)中点、线和面的映射关系与主要属性总结并描述如下[111][114]:

性质 1:假定 Π_a 和 Π_b 是欧氏空间中的两个相交平面,用符号 Λ 表示 $\Pi_a \cap \Pi_b$,Λ 在摄像机图像平面中的投影线用 λ 表示。在 B 对偶空间中 Π_a 和 Π_b 各自对应的向量分别用 $\bar{\omega}_a$ 和 $\bar{\omega}_b$ 表示,线 λ 在 B 对偶空间中对应的向量则用 $\bar{\lambda}$ 表示。向量 $\bar{\lambda}$ 平行且等价于向量 $\bar{\omega}_a - \bar{\omega}_b$,也即 B 对偶空间中的向量 $\bar{\omega}_a - \bar{\omega}_b$ 代表欧氏空间中的线 λ。

性质 2:如图 6.2.1(a)所示,平面 Π 中存在两根平行线 Λ_a 和 Λ_b,在欧氏空间中这两根平行线相交于无穷远处的消隐点 V,该消隐点位于无穷远处的消隐线 H 上;如图 6.2.1(b)所示,在 B 对偶空间中,两根平行线对应的向量 $\bar{\lambda}_a$ 和 $\bar{\lambda}_b$ 相交于点 $\bar{\omega}$ 处,消隐线 H 在 B 对偶空间中对应的向量 $\hat{H}$ 则与 $\bar{\omega}$ 同向,V 点在 B 对偶空间的投影平面 $\hat{V}$ 必然包括原点,同时满足 $\hat{H} \subset \hat{V}$。

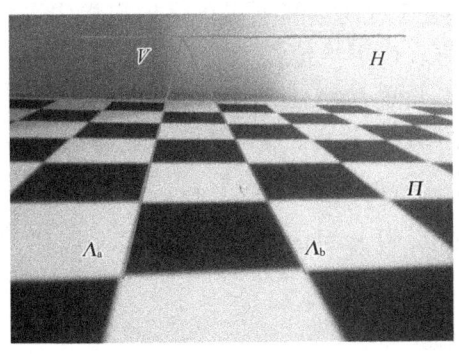 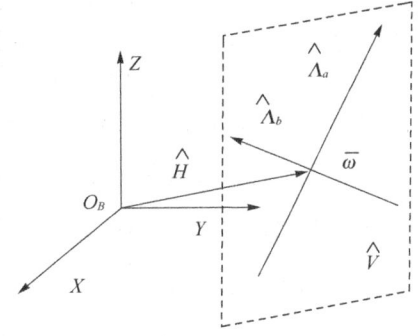

(a) E 空间下的点、线和面　　　　(b) B 对偶空间中的点、线和面

图 6.2.1　平面 Π 中的平行线与消隐点

性质 3：图 6.2.2(a) 欧式空间中平面 Π 中的两根直线 Λ_a 和 Λ_b 相交于 P 点,在 B 对偶空间中 Λ_a 和 Λ_b 分别映射于 $\hat{\Lambda}_a$ 和 $\hat{\Lambda}_b$、平面 Π 映射于 $\bar{\omega}$。依据空间的约束与映射原则,如图 6.2.2(b) 所示,在 B 对偶空间中, $\hat{\Lambda}_a$ 和 $\hat{\Lambda}_b$ 必然相交于点 $\bar{\omega}$；若 Λ_a 和 Λ_b 正交,则 $\hat{\Lambda}_a$ 和 $\hat{\Lambda}_b$ 也正交。

 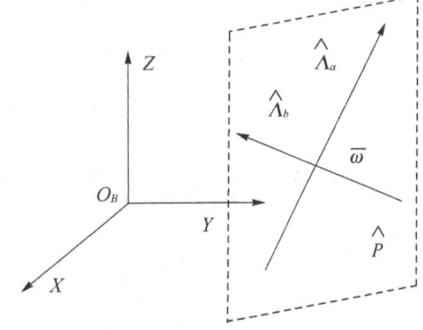

(a) E 空间下的点、线和面　　　　(b) B 对偶空间中的点、线和面

图 6.2.2　平面 Π 中的相交线与交点

性质 4：欧式空间中存在两个平行平面 Π_a 和 Π_b,两个平面在无穷远处相交于水平线 H。在 B 对偶空间中的 $\bar{\omega}_a$ 和 $\bar{\omega}_b$ 分别对应欧式空间中平面 Π_a 和 Π_b,水平线 H 在 B 对偶空间中被映射为 $\hat{H}$,向量 $\hat{H}$ 联系着 $\bar{\omega}_a$ 和 $\bar{\omega}_b$,这样就将欧氏空间中难以表述的水平线 H 转化为 B 对偶空间中的具体向量。

性质 5：如果欧式空间中存在两个正交平面 Π_a 和 Π_b,欧氏空间中它们分别映射于向量 $\bar{\omega}_a$ 和 $\bar{\omega}_b$。B 对偶空间中若其中一个向量 $\bar{\omega}_a$ 为已知,则另一个向量 $\bar{\omega}_b$ 必然在正交于 $\bar{\omega}_a$ 的子空间上。

综合性质1~性质5，集成欧氏空间与B对偶空间下棋盘格标定板中平行线、相交线、消隐点和消隐线的关系属性，则存在以下推论：

如图6.2.3(a)所示，若欧氏空间中的平面Π_a上存在两根互相正交的直线Λ_1和Λ_2，两根直线在无穷远水平线H上的消隐点分别为V_1和V_2。则直线Λ_1和Λ_2在B对偶空间上的投影向量分别为$\hat{\Lambda}_1$和$\hat{\Lambda}_2$，消隐线H在B对偶空间上的投影为$\hat{H}$。如图6.2.3(b)图所示，消隐点V_1和V_2在B对偶空间上的投影平面$\hat{V}_1$和$\hat{V}_2$必然也正交，且同时满足$\hat{H}=(\hat{V}_1 \cap \hat{V}_2)$、$\overline{\omega}_a=(\hat{\Lambda}_1 \cap \hat{\Lambda}_2)$。

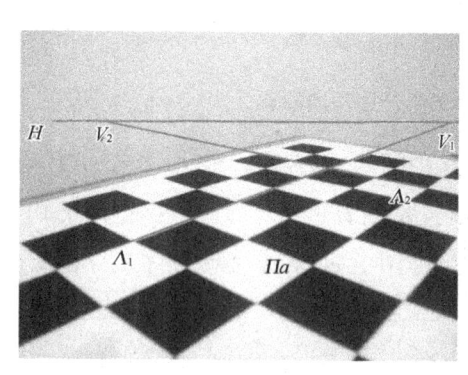
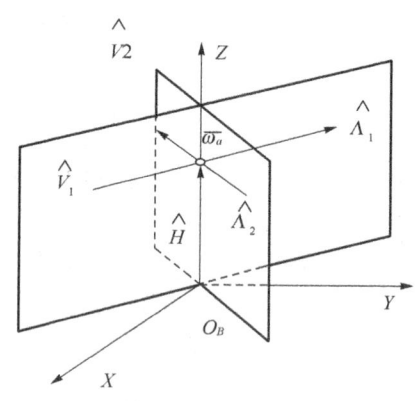

(a) E空间下的点、线和面　　　　(b) B对偶空间中的点、线和面

图6.2.3　平面Π_a中的相交线、消隐点与消隐线

6.2.2　B对偶空间下基于消隐点的内参数计算方法

J. Y. BOUGUET、G. H. WANG 和 B. W. He 均提出使用消隐点和消隐线对摄像机进行标定的方法。G. H. WANG 利用三对相互垂直的线段以及消隐点性质实现摄像机标定，但要求标定空间中存在3组长度相同且相互垂直的线段，标定条件较为苛刻。B. W. He 利用三维标定块中平行与正交直线的约束关系，使用消隐点推导出摄像机内参矩阵。通过上述B对偶空间几何的性质可以看出：在欧氏空间中难以表达和计算的消隐点和消隐线，通过B对偶空间的转换就可以映射为容易计算的有限向量。只要充分利用欧氏空间中平行与正交的向量关系就可以准确计算出消隐点的实际值，进而可以利用这一特性计算出摄像机的相关内参数。如图6.2.4所示，假定欧氏空间中摄像机坐标系下的平面Π_h上存在一个正方形S，顶点为A、B、C和D，其中$AC \perp BD$。以摄像机光心为原点在摄像机图像平面上投影得到一个四边形，此时摄像机成像平面上的点、线和面的具体位置关系见图6.2.5所示。

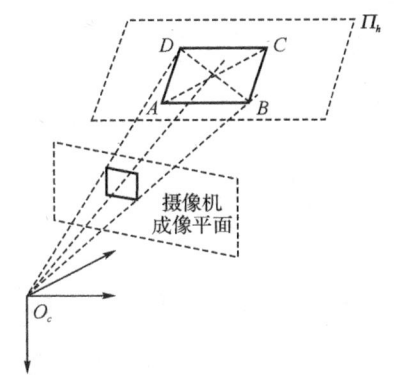 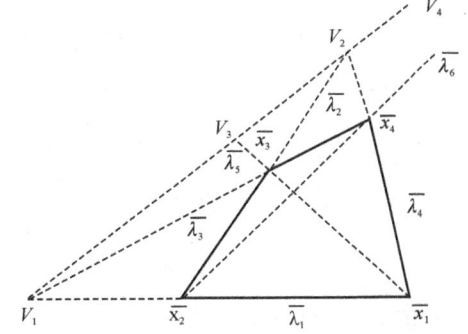

图 6.2.4　摄像机坐标系下的成像示意图　　图 6.2.5　成像平面上的点线面关系图

假定欧氏空间中的点 $\bar{P}$ 为图 6.2.4 中平面 Π_h 上的 $A \sim D$ 点，$\bar{P}$ 点在齐次坐标系下已消去摄像机光心后的像素坐标值为 $[P_x, P_y, 1]$。在摄像机标定参数初始化时，采用线性摄像机模型来描述光学投影关系，令摄像机内参矩阵 $\boldsymbol{K}=[1/f_x, 0, 0; 0, 1/f_y, 0; 0, 0, 1]$，$\bar{P}$ 点在摄像机成像平面上的投影点为 $\bar{x}$，存在以下对应关系：

$$\bar{x} \cong \boldsymbol{K}\bar{P} \tag{6.3}$$

在图 6.2.5 中，欧式空间中的 4 个点 A、B、C、D 分别投影到摄像机成像平面上为相应 4 个点 $\bar{x}_1$、$\bar{x}_2$、$\bar{x}_3$ 和 $\bar{x}_4$，点 V_1 为直线 $\bar{\lambda}_1$ 和 $\bar{\lambda}_2$ 的消隐点，V_2 为直线 $\bar{\lambda}_3$ 和 $\bar{\lambda}_4$ 的消隐点。应用 B 对偶空间几何的性质 1~3 针对图 6.2.5 中的 $\bar{x}_1 \sim \bar{x}_4$ 四点进行计算得到下式[111]：

$$\bar{\lambda}_1 \cong \bar{x}_1 \times \bar{x}_2; \bar{\lambda}_2 \cong \bar{x}_3 \times \bar{x}_4; \bar{\lambda}_3 \cong \bar{x}_2 \times \bar{x}_3; \bar{\lambda}_4 \cong \bar{x}_4 \times \bar{x}_1 \tag{6.4}$$

根据 B 对偶空间几何的性质 2 得到[111]：

$$V_1 \cong \bar{\lambda}_1 \times \bar{\lambda}_2; V_2 \cong \bar{\lambda}_3 \times \bar{\lambda}_4; \bar{\lambda}_H \cong V_1 \times V_2 \tag{6.5}$$

针对 S 的其中两个相邻顶点 A 与 B，由式(6.3)的定义得出：

$$\bar{x}_1 = K\bar{P}_1; \bar{x}_2 = K\bar{P}_2 \tag{6.6}$$

将式(6.4)进一步地推理如下：

$$\bar{\lambda}_1 \cong \bar{x}_1 \times \bar{x}_2 = (K\bar{P}_1) \times (K\bar{P}_2) = K^*(\bar{P}_1 \times \bar{P}_2) = K^* \bar{\lambda}_1^P \tag{6.7}$$

式(6.7)中，K^* 为 K 的伴随矩阵，$\bar{\lambda}^P$ 是像素坐标形式的线向量。类同于式(6.6)和式(6.7)的推理，针对 S 的其余两两相邻顶点得到：

$$\bar{\lambda}_2 \cong K^* \bar{\lambda}_2^P; \bar{\lambda}_2^P \cong \bar{P}_3 \times \bar{P}_4 \tag{6.8}$$

$$\bar{\lambda}_3 \cong K^* \bar{\lambda}_3^P ; \bar{\lambda}_3^P \cong \bar{P}_2 \times \bar{P}_3 \tag{6.9}$$

$$\bar{\lambda}_4 \cong K^* \bar{\lambda}_4^P ; \bar{\lambda}_4^P \cong \bar{P}_4 \times \bar{P}_1 \tag{6.10}$$

再将式(6.7)和式(6.8)进一步推理如下:

$$V_1 \cong \bar{\lambda}_1 \times \bar{\lambda}_2 \cong (K^* \bar{\lambda}_1^P) \times (K^* \bar{\lambda}_2^P) = K(\bar{\lambda}_1^P \times \bar{\lambda}_2^P) = KV_1^P \tag{6.11}$$

类同于式(6.11)的推理,得到:

$$V_2 \cong \bar{\lambda}_3 \times \bar{\lambda}_4 \cong (K^* \bar{\lambda}_3^P) \times (K^* \bar{\lambda}_4^P) = K(\bar{\lambda}_3^P \times \bar{\lambda}_4^P) = KV_2^P \tag{6.12}$$

由式(6.11)和式(6.12)推理如下:

$$\bar{\lambda}_H \cong V_1 \times V_2 \cong (KV_1^P) \times (KV_2^P) = K^*(V_1^P \times V_2^P) = K^* \bar{\lambda}_H^P \tag{6.13}$$

式(6.8)~式(6.13)中,$\bar{\lambda}_1^P \sim \bar{\lambda}_4^P$、$V_1^P$、$V_2^P$ 和 $\bar{\lambda}_H^P$ 均为像素坐标形式的线、点向量,由式(6.13)得到:

$$\bar{\lambda}_H^P \cong V_1^P \times V_2^P \tag{6.14}$$

式(6.14)说明:基于 B 双空间几何原理,在摄像机图像平面上直接用像素坐标表示的消隐线 $\bar{\lambda}_H^P$ 与消隐点 V_1、V_2 的关系。在式(6.14)中,消隐点 V_1^P 和 V_2^P 可以根据射影几何的原理采用式(6.11)和式(6.12)直接计算得出,现假定 $V_1^P = [a_1 \quad b_1 \quad c_1]^T$,$V_2^P = [a_2 \quad b_2 \quad c_2]^T$。由于 S 为正方形,因而 $AD // BC$、$AB // CD$,依据 B 对偶空间几何的性质 2 与推论可知:图 6.2.5 中两个消隐点 V_1 和 V_2 在 B 对偶空间中的相应向量是相互正交的,因而 $(KV_1^P) \perp (KV_2^P)$,也即

$$(V_1^P)^T (K^T K)(V_2^P) = 0 \tag{6.15}$$

由于 $AC \perp BD$,因而图 6.2.5 中两个消隐点 V_3 和 V_4 在 B 对偶空间中的相应向量也是相互正交的,从而得出:

$$\bar{\lambda}_5 \cong K^* \bar{\lambda}_5^P ; \bar{\lambda}_6 \cong K^* \bar{\lambda}_6^P \tag{6.16}$$

类同于式(6.7)~式(6.10)的推理:

$$V_3 \cong KV_3^P ; V_4 \cong KV_4^P \tag{6.17}$$

由图 6.2.5 的位置关系,又存在以下关系:

$$\bar{\lambda}_5^P \cong \bar{P}_1 \times \bar{P}_3 ; \bar{\lambda}_6^P \cong \bar{P}_2 \times \bar{P}_4 \tag{6.18}$$

综合式(6.16)、式(6.17)和式(6.18):

$$V_3^P \cong \bar{\lambda}_5^P \times \bar{\lambda}_H^P ; V_4^P \cong \bar{\lambda}_6^P \times \bar{\lambda}_H^P \tag{6.19}$$

式(6.16)~式(6.19)中,符号 V_3^P、V_4^P、$\bar{\lambda}_5^P$ 和 $\bar{\lambda}_6^P$ 均为像素坐标形式的线、点向量。现假定 $V_3^P = [a_3 \quad b_3 \quad c_3]^T$ 和 $V_4^P = [a_4 \quad b_4 \quad c_4]^T$,由 V_3 和 V_4 的相互正交性可得:

$$(V_3^P)^T(K^TK)(V_4^P) = 0 \tag{6.20}$$

依据式(6.15)和式(6.20),得到如下方程组:

$$\begin{cases} \dfrac{a_1 \cdot a_2}{f_x^2} + \dfrac{b_1 \cdot b_2}{f_y^2} + c_1 \cdot c_2 = 0 \\ \dfrac{a_3 \cdot a_4}{f_x^2} + \dfrac{b_3 \cdot b_4}{f_y^2} + c_3 \cdot c_4 = 0 \end{cases} \tag{6.21}$$

式(6.21)中,关于 $a_1 \sim a_3$、$b_1 \sim b_3$ 和 $c_1 \sim c_3$ 的具体值将由 6.3 部分摄像机标定过程结合 6.2 部分的理论公式加以计算求出。联立求解上述方程组就可以获取摄像机内参数 f_x 和 f_y 的初值。

6.3 本章摄像机标定的流程与相关参数

摄像机参数的初值计算对于标定过程十分重要,初值选取的不合理将导致后期参数优化过程不收敛。实际应用中的一种方法是选择具有先验知识的摄像机,另一种方法则是采用摄像机线性标定方法计算出的结果作为非线性优化的初值[115][116]。本章标定方法利用 B 对偶空间几何的性质由式(6.21)估算出摄像机内参数的初值,并在后续阶段针对内参初值进行非线性优化。由于摄像机光学镜头在制造过程中普遍有畸变现象的存在,在实际摄像机成像模型中其计算模型往往是非线性的[117]。在实际工程应用中,必须要考虑到镜头畸变系数。Carlos Ricolfe-Viala 提出使用摄像机针孔模型对镜头进行标定以及畸变计算,Wang Anqi 提出畸变点呈现圆周分布的理论,计算镜头中心与径向畸变系数。无论是摄像机线性模型还是非线性模型,为得到精确的摄像机内参数的解在标定的后续步骤中还要进行参数的优化计算,现将本章完整的摄像机标定流程表述如下:

步骤一,棋盘格图像角点提取。

针对每一幅棋盘格标定图像进行角点提取处理,获取成像平面像素坐标系下选定区域范围内的角点坐标值。实验中采用的棋盘格标定图像为 9×7 方格图像,每 1 个方格大小为 28 mm×28 mm,为尽可能地避免镜头畸变的影响,采用图像中间区域 7×5 的方格作为角点提取区域。不同于 J. Y. Bouguetj[111]手动选取标定区域提取角点的做法,为进一步地提高角点检测的速度和精度,本章实验采用 Wang Zhongshi 的方法自动提取选定区域角点的位置,依据图像坐标值和横纵方格比 7∶5 的原则共同确定预测角点的坐标值。在预测角点周围像素区域内采用 Harris 算法检测角点,从而避免了在全图像范围角点检测,有效地提高了检测精度与降低了误检率,角点检测精度达到 0.1 个像素。

步骤二,建立角点的空间坐标值并进行投影映射。

以标定图像上选定 7×5 方格区域左上角作为原点,为每一幅棋盘格图像建立以标定物为中心的世界坐标系下的坐标值 $\Psi_S(X_S,Y_S,Z_S)$,其中令 Z_S 分量为 0,即标定平面处于 Z_S 为零的平面上。使用本章方法进行摄像机的内参数初值计算时,如本章 6.2.2 部分所表述:由于相关参数的计算需要基于正方形区域,而实际中使用的二维标定板及所选取的标定区域均为矩形区域,因而在本步骤中需要对选定的 7×5 矩形区域进行相应的投影映射,将步骤一所选定的 7×5 区域映射为正方形区域,从而满足图 6.2.4 中 S 为正方形的假设条件,根据步骤一选定的初始横纵比 $7:5$,使得映射后标定区域的横纵比为 $1:1$;同时基于此投影映射更新摄像机图像坐标系下的相应角点坐标值 $W1(u,v)$。

步骤三,估算摄像机内参初值及引入透镜镜头畸变模型。

应用 B 对偶空间几何中摄像机内参数初值的计算方法,由式(6.21)求出摄像机内参 f_x 和 f_y 的初值。将摄像机参考坐标系下角点坐标值 $\Psi_C(X_C,Y_C,Z_C)$ 进行规范化投影,$x_n = \begin{bmatrix} x_n(1) \\ x_n(2) \end{bmatrix} = \begin{bmatrix} X_c/Z_c \\ Y_c/Z_c \end{bmatrix}$,令 $r^2 = [x_n(1)^2 + x_n(2)^2]$。在本试验中引入高阶畸变系数[110][120],镜头畸变模型见下式:

$$x_d = \begin{bmatrix} x_d(1) \\ x_d(2) \end{bmatrix} = (1 + \tau_1 \cdot r^2 + \tau_2 \cdot r^4 + \tau_5 \cdot r^6)x_n + x_T \quad (6.22)$$

式(6.22)中,x_T 为切向畸变向量,计算公式如下:

$$x_T = \begin{bmatrix} 2 \cdot \tau_3 \cdot x_n(1) \cdot x_n(2) + \tau_4 \cdot (r^2 + 2 \cdot x_n(1)^2) \\ k_3 \cdot (r^2 + 2 \cdot x_n(2)^2) + 2 \cdot \tau_4 \cdot x_n(1) \cdot x_n(2) \end{bmatrix} \quad (6.23)$$

式(6.22)和式(6.23)中,符号 $\tau_1 \sim \tau_5$ 为镜头畸变系数,考虑到摄像机镜头畸变和扭曲系数后,修正摄像机内参矩阵 $\boldsymbol{K}$ 如下式[111]:

$$\boldsymbol{K} = \begin{bmatrix} f_x & \alpha \cdot f_x & u_0 \\ 0 & f_y & v_0 \\ 0 & 0 & 1 \end{bmatrix} \quad (6.24)$$

内参矩阵 $\boldsymbol{K}$ 的求解通过式(6.25)进行计算:

$$\begin{bmatrix} x_P \\ y_P \\ 1 \end{bmatrix} = \boldsymbol{K} \begin{bmatrix} x_d(1) \\ x_d(2) \\ 1 \end{bmatrix} \quad (6.25)$$

式(6.24)中,(u_0,v_0)为表征摄像机光心位置坐标的主点坐标值,α 为表征透镜横纵轴之间夹角的扭曲系数,α 为 0 表示夹角为 90°。式(6.25)中,$x_d(1)$ 和 $x_d(2)$ 源自式(6.22)的计算结果,x_P 和 y_P 为理论上计算得出的角点像素坐标值,也可以将 x_P 和 y_P 理解为引入畸变系数后的角点像素坐标值 $W_2(U,V)$。总结式(6.24)和式(6.25)为下式:

$$\begin{cases} x_P = f_x(x_d(1) + \alpha \cdot x_d(2)) + u_0 \\ y_P = f_y \cdot x_d(2) + v_0 \end{cases} \quad (6.26)$$

步骤四,非线性优化摄像机内参数。

将步骤一选定区域内的角点投影到图像平面上,得到特征点的摄像机模型图像坐标 (U_i,V_i),该坐标与摄像机实际探测到的图像坐标 (u_i,v_i) 之间存在偏差,非线性优化的目的就是使得这种偏差最小,从而获得偏差最小时的摄像机内参数值。本步骤摄像机内参数非线性优化计算的实质操作是:使由步骤 3 计算出的角点坐标的实际观测值与式(6.26)得出的理论计算值之间的误差最小的前提下,求解得出摄像机内参数的最优解。在优化计算中采用相对简捷、快速的牛顿法对内参数进行优化计算,优化目标函数采用下式[110]:

$$F(x) = \sum_{i=1}^{m}[(U_i - u_i)^2 + (V_i - v_i)^2] \quad (6.27)$$

式(6.27)中,$(u_i,v_i) \in W_1$,$(U_i,V_i) \in W_2$,m 为标定图像数。通过优化计算,最后求解出摄像机的全部内参数的最优解:横纵向焦距 f_x 和 f_y,主点坐标值 u_0 和 v_0、扭曲系数 α、镜头畸变系数 $\tau_1 \sim \tau_5$。

6.4 试验结果与对比分析

本章采用 9×7 黑白棋盘格二维标定板作为摄像机标定图像,图像尺寸为 25.3 cm×19.6 cm,图像分辨率大小为 720 像素×576 像素。如图 6.4.1(见彩图)示,本章实验过程中采用 20 幅棋盘格标定图像对三星 VP-MX10 的 CCD 摄像机进行标定试验,软件计算采用 Matlab7.1 版本实现。图 6.4.2(见彩图)为摄像机坐标系下 20 幅二维标定板图像相对于摄像机的位置示意图,O_c 为摄像机坐标系的原点。图 6.4.3 为假定空间中二维标定板保持静止,摄像机相对于标定板的相对位置状态,图 6.4.3 中绿色金字塔为摄像机的相对位置。传统的角点检测 Harris 算法是像素级的检测精度,不符合本章摄像机标定中角点检测的精度要求,本章通过角点预测结合区域检测技术改进了传统 Harris 角点检测方法。

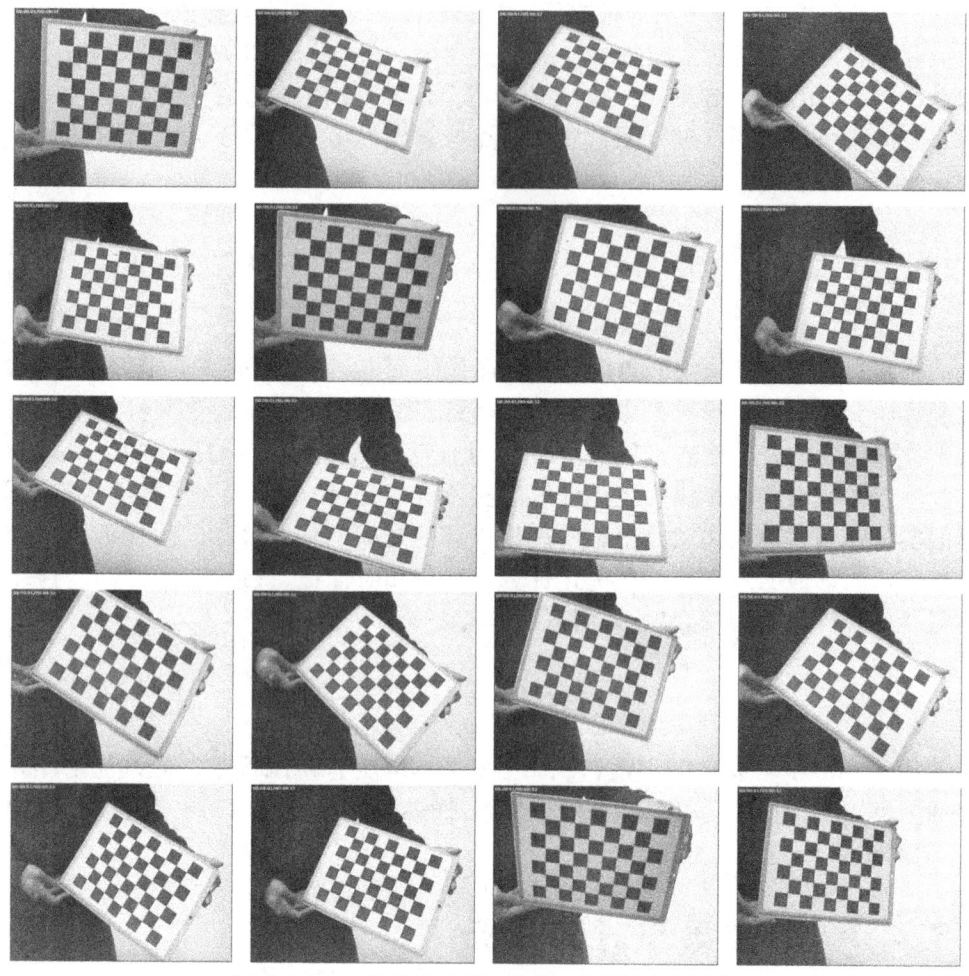

图 6.4.1　本章标定中所采集的 20 幅标定板图像

图 6.4.4(见彩图)显示的是采用本章改进的 Harris 检测技术对标定板图像♯5 进行角点提取的结果。图 6.4.5(见彩图)显示图 6.4.4 中第(8,6)方格右上角的角点检测细节,可以看出检测出的角点用红"＋"字符号准确地定位在像素坐标(375,232)处。图6.4.6(见彩图)显示的是采用 Harris 角点检测对同样的标定板图像♯5 进行角点检测的结果,对比图 6.4.4 可以看出:本章方法的角点检测更具有针对性,提取出的角点信息完全是后续标定中需要的全部角点;在图 6.4.6 方法中,手和手臂等处则检测出很多与后续标定无关的干扰角点。图 6.4.7(见彩图)更进一步地说明了 Harris 角点检测技术在角点检测中存在的问题,如图 6.4.7 所示在第(8,6)方格右上角的角点检测中检测出了两个角点,将极大地影响到后续标定结果的准确性。采用 OpenCV1.0 软件对同一摄像机进行标定作为数据的横向

对比,图 6.4.8(见彩图)显示的是使用 OpenCV 软件对标定板图像♯5 进行角点检测的图像结果,图 6.4.9(见彩图)显示的是使用本章标定方法对标定板图像♯5 的检测细节。

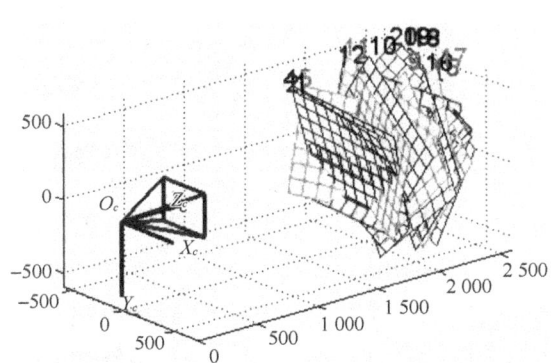

图 6.4.2 摄像机坐标系下的标定图像位置

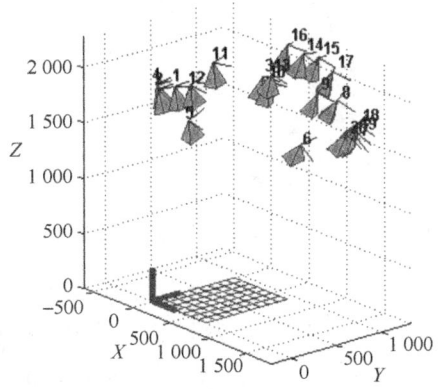

图 6.4.3 二维标定板静止下的摄像机位置

图 6.4.4 本章标定中的角点检测结果

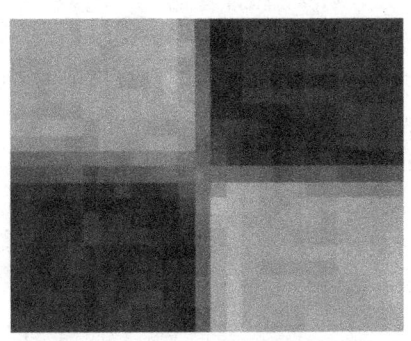

图 6.4.5 本章方法的角点检测细节

图 6.4.6 Harris 角点检测结果

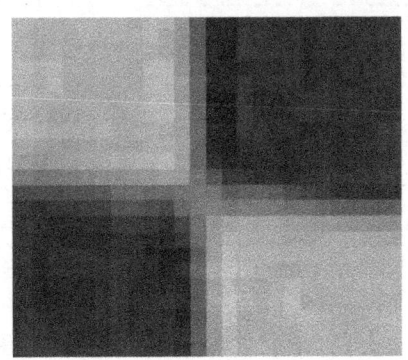

图 6.4.7 Harris 角点检测细节

图 6.4.8 OpenCV 标定中的角点检测

图 6.4.9 本章标定中的检测细节

f_x 和 f_y 的初值由式(6.21)求出,u_0 和 v_0 的初值分别设定为 360 像素、288 像素,α 的初值设定为 0,即假定透镜横纵轴之间的夹角为 90°,$\tau_1 \sim \tau_5$ 的初值均设为 0。经过本章方法求出相关参数如表 6.4.1 所示,同时针对相同的 20 幅棋盘格标定图像采用 OpenCV1.0 版本软件进行标定[121],得到另一组试验数据如表 6.4.2 所示。两次试验数据在 f_x、f_y 和 u_0 三项指标上较为接近;但在 v_0 指标上则相差较大,本章方法计算出的 v_0 参数为 263.2 像素,而 OpenCV 计算出的结果为 291.9 像素。本章方法的平均误差为[0.169 41,0.235 84]像素,OpenCV 的总体平均误差为 0.306 8 像素,根据最后的反向投影误差分析可以看出:本章方法计算出的摄像机内参数精度更高,更加接近实际摄像机成像模型。同时本章方法的畸变模型具有 5 项参数,可以更为准确地反映实际镜头的畸变情况。

表 6.4.1 本章标定方法计算出的摄像机内参数数据

本章标定\内参数	f_x(像素)	f_y(像素)	u_0(像素)	v_0(像素)	α(°)
初始化	710.8	710.8	360.0	288.0	0.00
优化计算后	887.8	971.7	324.8	263.2	0.00
本章标定\畸变系数	τ_1	τ_2	τ_3	τ_4	τ_5
初始化	0	0	0	0	0
优化计算后	−0.188 6	−0.047 2	−0.007 6	−0.003 7	0.000 0

表 6.4.2 OpenCV1.0 标定方法计算出的摄像机内参数数据

内参数	f_x(像素)	f_y(像素)	u_0(像素)	v_0(像素)
计算结果	890.9	975.8	326.9	291.9
畸变系数	τ_1	τ_2	P_1	P_2
计算结果	−0.175 9	−0.107 3	−0.002 6	−0.001 7

从表 6.4.1 和表 6.4.2 中可以看出:两次试验数据在 f_x、f_y 和 u_0 三项指标上较为接近;但在 v_0 指标上则相差较大,本章所提方法计算出的 v_0 参数为 263.2 像

素,而 OpenCV 计算出的结果为 291.9 像素。从表 6.4.1 中还可以看出本章标定方法中的优化计算对于初始化参数的改进结果。

将摄像机镜头的畸变状况用可视化的图像表示出来,分别如图 6.4.10～图 6.4.12 所示,图 6.4.10～图 6.4.12 中的箭头表示受到镜头畸变的影响像素点的有效位移量,基本位移单位为像素,图中的叉形符号显示的是理想光心所在位置,圆点符号显示的是本章标定方法计算出的实际光心所在位置。图 6.4.10 表示镜头畸变模型的径向部分,如图 6.4.10 中右上角所示畸变最大位移量达到 14 个像素。图 6.4.11 表示镜头畸变模型的切向部分,如图 6.4.11 中右下角所示畸变最大位移量达到 4.5 个像素。相对而言,镜头径向部分的畸变状况要明显大于切向部分的镜头畸变状况。图 6.4.12 显示的是综合镜头径向与切向畸变的镜头畸变整体状况示意图。如图 6.4.12 右下角所示镜头整体畸变最大位移量达到 16 个像素。根据图 6.4.12 中摄像机镜头理想光心所在位置,其主点坐标值为(360.0,288.0)像素;而本章标定方法计算出的实际光心所在位置,其主点坐标值为(324.8,263.2)像素。从图 6.4.12 中可以看出:摄像机的实际光心位置并非是理想的镜头

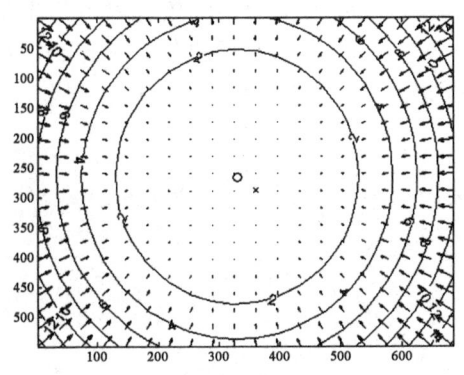

图 6.4.10 镜头畸变模型的径向部分

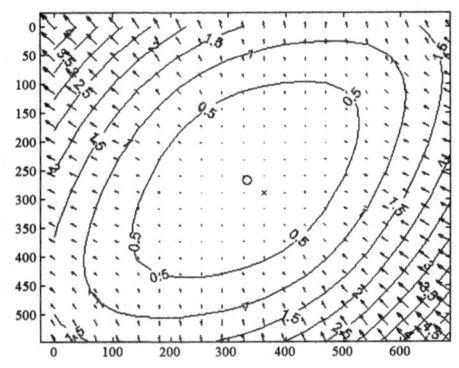

图 6.4.11 镜头畸变模型的切向部分

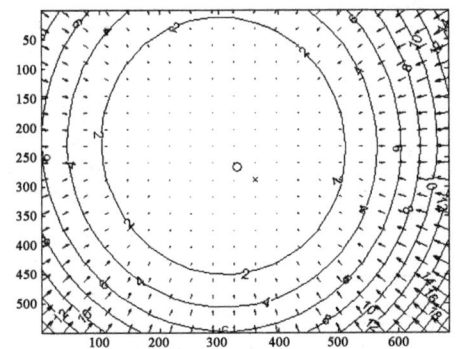

图 6.4.12 镜头整体畸变与光心位置示意图

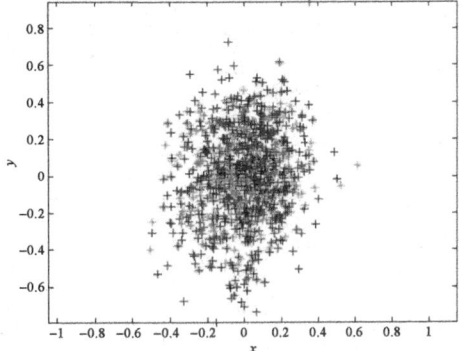

图 6.4.13 本章方法的参数反向投影误差

中心位置,而是相对中心有一定的偏差。图 6.4.13 显示的是将棋盘格的空间角点坐标代入本章摄像机模型后计算出的角点像素坐标值与实际棋盘格角点像素坐标值之间的误差图,从图 6.4.13 中可以看出:横向误差限定在 $(-0.6,0.8)$ 像素区间、纵向误差限定在 $(-0.8,0.8)$ 像素区间,所有误差都控制在 1 个像素之内。

6.5 基于视觉方法的前车车距计算

图 6.5.1 显示的是采用文中标定过的三星 VP-MX10 摄像机对路面车辆进行实际拍摄后的两组检测图像,拍摄位置位于南京市江宁区江宁大学城弘景大道 1 号附近的平坦路面。现将 4 种不同方法对图像序列中的目标车辆测距的四组结果整理如表 6.5.1 所示。激光测距仪测出的数据相对准确,可以看做是目标车辆距摄像机的水平距离的实际值。对比表 6.5.1 中的几组数据,本章方法计算出的数据更加接近于实际值,其平均误差为 1.483 米,理想摄像机模型与 OpenCV 方法测出的平均误差分别为 2.890 米、3.023 米。分析表 6.5.1 的数据可以得出:准确地计算出摄像机的内参数对于单目测距的精度有着较大的影响,也从实际前车测距的角度验证了本章摄像机内参数的计算方法具备的精度;同时由于加工的原因,摄像机的实际光心往往并不处于理想的中心位置,采用理想摄像机模型计算将导致测距结果有较大误差。

(1) 第1组　　(2) 第2组　　(3) 第3组　　(4) 第4组

图 6.5.1　本章标定摄像机的实拍测距图像

表 6.5.1　4 种方法测距的试验数据对比

试验方法\参数		第 1 组(米)	第 2 组(米)	第 3 组(米)	第 4 组(米)
激光测距仪		19.33	43.75	65.66	84.33
本章标定方法	f_y(971.7 像素)	20.53	45.13	67.23	86.11
	v_0(263.2 像素)				
理想摄像机模型	f_y(971.7 像素)	21.62	46.46	68.70	87.85
	v_0(288.0 像素)				
OpenCV 方法	f_y(975.8 像素)	21.69	46.83	69.20	88.16
	v_0(291.9 像素)				

参 考 文 献

[1] D. Magee. Tracking multiple vehicles using foreground, background and motion Models. Image and Vision Computing, 2004, 22(2): 143—155

[2] Qian Yu. Multiple Target Tracking Using Spatio-Temporal Markov Chain Mente Carlo Data Association. IEEE Conference on Computer Vision and Pattern Recognition, Los Angeles, USA, 2007: 1—8

[3] Chang Yuan, Kang Jinman, I. Cohen. Detecting Motion Regions in the Presence of a strong Parallax from a Moving Camera by Multiview Geometric Constraints. IEEE Trans. on Pattern Analysis and Machine Intelligence, 2007, 29(9): 1627—1641

[4] A. B. Chan, N. Vasconcelos. Modeling, clustering, and segmenting video with mixtures of dynamic textures. IEEE Trans. on Pattern Analysis and Machine Intelligence, 2008, 30(5): 909—926

[5] V. Milanés, D. F. Llorca, J. Villagrá, et al. Intelligent automatic overtaking system using vision for vehicle detection. Expert Systems with Applications, 2012, 39(3): 3362—3373

[6] S. Liwicki S. Zafeiriou G. Tzimiropoulos et al. Efficient Online Subspace Learning With an Indefinite Kernel for Visual Tracking and Recognition. IEEE Transactions on Neural Networks and Learning Systems, 2012, 23(10): 1624—1636

[7] Guangwei Li, Yunpeng Liu, Jian Yin, et al. Projective tracking based on second-order optimization on Lie manifolds. Chinese Conference on Pattern Recognition, Beijing, China, 2008: 1—6

[8] Yang Hanxuan, Shao Ling, Zheng Feng, et al. Recent advances and trends in visual tracking: A review. Neurocomputing, 2011, 74(18): 3823—3831

[9] N. A. Mandellos, I. Keramitsoglou, C. T. Kiranoudis. A background subtraction algorithm for detecting and tracking vehicles. Expert Systems with Applications, 2011, 38(3): 1619—1631

[10] D. Ponsa, A. Lopez, F. Lumbretas, et al. 3D vehicle sensor based on monocular vision, IEEE Proceedings Intelligent Transportation System, 2005, 1096—1101

[11] Yin Minghao, Zhang Jin, Sun Hongguang, et al. Multi-cue-based CamShift guided particle filter tracking. Expert Systems with Applications, 2011, 38(5): 6313—6318

[12] Gerasimos G. Rigatos. Nonlinear Kalman Filters and Particle Filters for integrated navigation of unmanned aerial vehicles. Robotics and Autonomous Systems, 2012, 60(7): 978—995

[13] Huaping Liu, Fuchun Sun. Efficient visual tracking using particle filter with incremental

likelihood calculation. Information Sciences,2012,195:141—153

[14] Z. Sun,G. Bebis,R. Miller. On-road vehicle detection:A review. IEEE Trans. On Pattern Analysis and Machine Intelligence,2006,28(5):694—711

[15] A. D. Jepson, D. J. Fleet, T. F. El-Maraghi. Robust online appearance models for visual tracking. IEEE Trans. on pattern analysis and machine intelligence, 2003, 25 (10): 1296—1311

[16] Z. Kalal,J. Matas,K. Mikolajczyk. P-N learning:Bootstrapping binary classifiers by structural constraints. IEEE Conference on Computer Vision and Pattern Recognition,2010: 49—56

[17] Zhang Kaihua,Song Huihui. Real-time visual tracking via online weighted multiple instance learning. Pattern Recognition,2013,46(1):397—411

[18] Kuo Ying-Che,Pai Neng-Sheng,Li Yen-Feng. Vision-based vehicle detection for a driver assistance system. Computers & Mathematics with Applications,2011,61(8),2096—2100

[19] 胡钢. 基于单目视觉的运动目标检测与跟踪算法研究[博士学位论文]. 南京:南京理工大学,2007

[20] 周勇. 智能车辆中几个关键技术研究[博士学位论文]. 上海:上海交通大学,2007

[21] Liu J. S.. Monte Carlo strategies in scientific computing[M]. New York:Springer-Verlag published,2001

[22] K. Nummiaro,E. Koller-Meier,L. J. V. Gool. An adaptive color-based particle filter. Image and Vision Computing,2003,21(1):99—110

[23] 高社生,王建超,薛丽,等. 自适应平方根 Unscented 粒子滤波算法研究. 西北工业大学学报,2011,29(3):460—464

[24] Jesús Martínez-del-Rincón,Carlos Orrite,Carlos Medrano. Rao-Blackwellised particle filter for colour-based tracking. Pattern Recognition Letters,2011,32(2):210—220

[25] Han Hua,Ding Yong-Sheng,Hao Kuang-Rong,Liang Xiao. An evolutionary particle filter with the immune genetic algorithm for intelligent video target tracking. Computers & Mathematics with Applications,2011,62(7):2685—2695

[26] Zhao jing,Li Zhiyuan. Particle filter based on Particle Swarm Optimization resampling for vision tracking. Expert Systems with Applications,2010,37:8910—8914

[27] Zhang Qi,Rui Ting,Fang Husheng,Zhang Jinlin. Particle Filter Object Tracking Based on Harris-SIFT Feature Matching. Procedia Engineering,2012,29:924—929

[28] Han Zhenjun,Ye Qixiang,Jiao Jianbin. Combined feature evaluation for adaptive visual object tracking. Computer Vision and Image Understanding,2011,115(1):69—80

[29] M. S. Arulampalam,S. Maskell,N. Gordon,et al. A tutorial on particle filters for on-line nor-linear/non-gaussian bayesian tracking. IEEE Transactions on signal processing,2002, 50(2):174—188

[30] Yong Rui,Yunqiang Chen. Better proposal distributions:object tracking using unscented particle filter. IEEE Computer Society Conference on Computer Vision and Pattern Recog-

nition, Kauai, HI, USA, 2001, Vol. 2: 786—793

[31] François Desbouvries, Yohan Petetin, Boujemaa Ait-El-Fquih. Direct prediction-and smoothing-based Kalman and particle filter algorithms. Signal Processing, 2011, 91(8): 2064—2077

[32] Alberto Del Bimbo, Fabrizio Dini. Particle filter-based visual tracking with a first order dynamic model and uncertainty adaptation. Computer Vision and Image Understanding, 2011, 115(6): 771—786

[33] Li Tiancheng, T. P. Sattar, S. Sun. Deterministic resampling: Unbiased sampling to avoid sample mpoverishment in particle filters. Signal Processing, 2012, 92(7): 1637—1645

[34] 邹国辉,敬忠良,胡洪涛. 基于优化组合重采样的粒子滤波算法. 上海交通大学学报, 2006, 40(7): 1135—1139

[35] Cao Bei, Ma Caiwen, Liu Zhentao. Improved particle filter based on fine resampling algorithm. The journal of China Universities of Posts and Telecommunications, 2012, 19(2): 100—106

[36] Wang Xin, Tang Zhenmin. Modified particle filter-based infrared pedestrian tracking. Infrared Physics & Technology, 2010, 53(4): 280—287

[37] Wei Zhang, Q. M. Jonathan Wu, Hai bing Yin. Moving vehicles detection based on adaptive motion histogram. Digital Signal Processing, 2010, 20(3): 793—805

[38] 李敏,周振华,张桂林. 自动目标识别算法性能评估中的图像度量. 红外与激光工程, 2007, 36(3): 412—416

[39] 向征,谭恒良,马争鸣. 改进的 HOG 和 Gabor, LBP 性能比较. 计算机辅助设计与图形学学报, 2012, 24(6): 787—792

[40] Peter Dunne, Bogdan Matuszewski. Choice of similarity measure, likelihood function and parameters for histogram based particle filter tracking in CCTV grey scale video. Image and Vision Computing, 2011, 29(2): 178—189

[41] R. T. Collins, Y. Liu, M. Leordeanu. Online selection of discriminative tracking features. IEEE Transactions on Pattern Analysis and Machine Intelligence, 2005, 27(10): 1631—1643

[42] H. Wang, D. Suter, K. Schindler, C. Shen. Adaptive object tracking based on an effective appearance filter. IEEE Trans. on Pattern Analysis and Machine Intelligence, 2007, 29(9): 1661—1667

[43] Wang Yuru, Tang Xianglong, Cui Qing. Dynamic appearance model for particle filter based visual tracking. Pattern Recognition, 2012, 45(12): 4510—4523

[44] Bai Tianxiang, Li Y. F.. Robust visual tracking with structured sparse representation appearance model. Pattern Recognition, 2012, 45(6): 2390—2404

[45] W. Hu, X. Li, X. Zhang, X. Shi, S. Maybank. Incremental tensor subspace learning and its applications to foreground segmentation and tracking. International Journal of Computer Vision, 2011, 91(3): 303—327

[46] 温静,李洁,高新波. 基于增量张量子空间学习的自适应目标跟踪. 电子学报,2009,37(7):1618—1623

[47] X. Mei, H. Ling. Robust visual tracking using L1 minimization. IEEE the 12th International Conference on Computer Vision, Kyoto, Japan, 2009:1436—1443

[48] Zhang shengping, Yao Hongxun, Zhou Huiyu, et al. Robust visual tracking based on online learning sparse representation. Neurocomputing, 2013, 100(16):31—40

[49] Ming-Che Ho, Cheng-Chin Chiang, Ying-Yu Su. Object tracking by exploiting adaptive region-wise linear subspace representations and adaptive templates in an iterative particle filter. Pattern Recognition Letters, 2012, 33(5):500—512

[50] 仝小敏,张艳宁,杨涛. 基于增量子空间自适应决策的目标跟踪. 自动化学报,2011,37(12):1483—1494

[51] 赵运基,裴海龙. 基于增量学习的关节式目标跟踪算法. 华南理工大学学报(自然科学版),2012,40(3):88—93

[52] Zhao Haitao, Yuen Pongchi, T. K. James. A novel incremental principal component analysis and its application for face recognition. IEEE Transactions on Systems, Man, and Cybernetics-Part B: Cybernetics, 2006, 36(4):873—886

[53] 何海斌,李新福,赵蕾蕾. 基于CCIPCA和ICA降维的文本分类研究. 计算机工程与应用,2008,44(29):150—167

[54] D. Ross, J. Lim, R. S. Lin, M. H. Yang. Incremental learning for robust visual tracking. International Journal of Computer Vision, 2008, 77(1):125—141

[55] Li Sun, Liu Guizhong. Visual object tracking based on incremental kernel PCA. 2010 International Workshop on content-based Multimedia Indexing, Grenoble, France, 2010:1—6

[56] P. Hall, D. Marshall, R. Martin. Merging and spliting eigenspace models. IEEE Transactions on Pattern Analysis and Machine Intelligence, 2000, 22(9):1042—1048

[57] Dong Huang, Zhang Yi, Pu Xiaorong. A new incremental PCA algorithm with application to visual learning and recognition. Neural Process Letters, 2009, 30(3):171—185

[58] Kim Minyoung. Correlation-based incremental visual tracking. Pattern Recognition, 2012, 45(3):1050—1060

[59] Chen Feng, Wang Qing, Wang Song, et al. Object tracking via appearance modeling and sparse representation. Image and Vision Computing, 2011, 29(11):787—796

[60] Zhang Xiaoqin, Shi Xingchu, Hu Weiming, et al. Visual tracking via dynamic tensor analysis with mean update. Neurocomputing, 2011, 74(17):3277—3285

[61] A. Chiuso, S. Soatto. Mente carlo filtering on Lie groups. 39th IEEE conference on decision and control, Sydney, Australia, 2000, Vol. 1:304—309

[62] Liu Yunpeng, Li Guangwei, Shi Zelin. Tracking deformable object via particle filtering on manifolds. Chinese Conference on Pattern Recognition, Beijing, China, 2008:1—6

[63] O. Tuzel, F. Porikli, P. Meer. Learning on Lie groups for invariant detection and tracking. IEEE Conference on Computer Vision and Pattern Recognition, Anchorage, AK, USA,

2008:1—8

[64] Liu Yunpeng, Li Guangwei, Shi Zelin. Covariance tracking via geometric particle filtering. EURASIP Journal on Advances in signal Processing, 2010:1—9

[65] 刘佳,陈纯,叶承羲,等. 基于协方差描述子和黎曼流形的语音情感识别. 模式识别与人工智能,2009,22(5):673—677

[66] J. Kwon, F. C. Park. Visual tracking via particle filtering on the affine group. The International Journal of Robotics Research, 2010, 29(2):198—217

[67] Li Min, Tan Tieniu, Chen Wei, Huang Kaiqi. Efficient object tracking by incremental Self-Tuning particle filtering on the affine group. IEEE Transactions on Image Processing, 2012, 21(3):1298—1313

[68] F. Porikli, O. Tuzel, P. Meer. Covariance tracking model update based on Lie algebra. IEEE conference on Computer Vision and Pattern Recognition, New York, USA, 2006, Vol. 1: 728—735

[69] O. Tuzel, F. Porikli, P. Meer. Region covariance: a fast descriptor for detection and classification. 9th European Conference on Computer Vision, Graz, Austria, 2006, Vol. 2:589—600

[70] 李广伟,刘云鹏,尹健,等. 基于改进李群结构的特征协方差目标跟踪. 仪器仪表学报,2010,31(1):111—116

[71] Xu Qiang, Ma Dengwu. Applications of Lie groups and Lie algebra to computer vision: A brief survey. International Conference on Systems and Informatics, Yantai, China, 2012: 2024—2029

[72] J. Kwon, M. Choi, F. Park, et al. Particle filtering on the euclidean group: framework and applications. Robotica, 2007, 25(6):725—737

[73] J. Xavier, J. M. Manton. On the generalization of AR processes to riemannian manifolds. IEEE International Conference on Acoustics, Speech, and Signal Processing, Toulouse, France, 2006, Vol. 5:1005—1008

[74] S. Said. Extrinsic mean of brownian distributions on compact Lie groups. IEEE Transaction on Information Theory, 2012, 58(6):3521—3535

[75] S. Saha, P. K. Mandal, Y. Boers, et al. Gaussian proposal density using moment matching in SMC methods. Statistics and Computing, 2008, 19(2):203—208

[76] A. Doucet, S. Godsill, C. Andrieu. On sequential monte carlo sampling methods for bayesian filtering. Statistics and Computing, 2000, 10(3):197—208

[77] J. Kwon, K. M. Lee, F. C. Park. Visual tracking via geometric particle filtering on the affine group with optimal importance functions. IEEE Computer Society Conference on Computer Vision and Pattern Recognition Workshops, Miami, FL, USA, 2009:991—998

[78] P. T. Fletcher. Riemannian geometry for the statistical analysis of diffusion tensor data. Signal Processing, 2007, 87(2):250—262

[79] Wu Yi, Cheng Jian, Wang Jinqiao, et al. Real—Time probabilistic covariance tracking with efficient model update. IEEE Transactions on Image Processing, 2012, 21(5):2824—2837

[80] B. Babenko, Y. M. Hsuan, S. Belongie. A family of online boosting algorithms. IEEE 12th International Conference on Computer Vision Workshops, Kyoto, Japan, 2009: 1346—1353

[81] S. Salti, A. Cavallaro, L. D. Stefano. Adaptive Appearance Modeling for Video Tracking: Survey and Evaluation. IEEE Transactions on Image Processing, 2012, 21(10): 4334—4348

[82] M. Grabner, H. Grabner, H. Bischof. Learning Features for Tracking. IEEE Conference on Computer Vision and Pattern Recognition, Minneapolis, MN, 2007, Vol. 1: 1—8

[83] H. Grabner, H. Bischof. On-line Boosting and Vision. IEEE Computer Society Conference on Computer Vision and Pattern Recognition New York USA 2006 Vol. 1: 260—267

[84] N. T. Thi, H. Grabner, H. Bischof, et al. On-line Boosting for Car Detection from Aerial Images. IEEE International Conference on Research, Innovation and Vision for the Future, Hanoi, 2007: 87—95

[85] Chang Wen-Chung, Cho Chih-Wei. Online Boosting for Vehicle Detection. IEEE Transactions on Systems, Man, and Cybernetics, Part B: Cybernetics, 2010, 40(3): 892—902

[86] M. Fukumoto, T. Ogata, J. K. Tan. Human motions representation and recognition by directional motion history images. Artificial Life and Robotics, 2008, 13(1): 326—330

[87] P. Viola, M. J. Jones. Rapid object detection using a boosted cascade of simple features. IEEE Conference on Computer Vision and Pattern Recognition, Kauai, HI, USA, 2001: 511—518

[88] R. Lienhart, J. Maydt. An extended set of Haar-like features for rapid object detection. IEEE International Conference on Image Processing, New York, USA, 2002: 900—903

[89] T. Parag, F. Porikli, A. Elgammal. Boosting adaptive linear weak classifiers for online learning and tracking. IEEE Conference on Computer Vision and Pattern Recognition, Anchorage, AK, 2008: 1—8

[90] Meng Hongying, M. Freeman. Real-time human action recognition on an embedded reconfigurable video processing architecture. Journal of Real-Time Image Processing, 2008, 3(3): 163—176

[91] S. F. Wong, R. Cipolla. Continuous gesture recognition using a sparse bayesian classifier. IEEE 18th International Conference on Pattern Recognition, Hongkong, 2006, Vol. 1: 1084—1087

[92] 王路, 卓晴, 王文渊. 基于 Co-Training 的协同目标跟踪. 计算机工程, 2009, 35(3): 202—204

[93] B. Babenko, Yang Ming-Hsuan, S. Belongie. Robust Object Tracking with Online Multiple Instance Learning. IEEE Transactions on Pattern Analysis and Machine Intelligence, 2011, 33(8): 1619—1632

[94] B. Zeisl, C. Leistner, A. Saffari, et al. On-line semi-supervised multiple-instance boosting. IEEE Conference on Computer Vision and Pattern Recognition, San Francisco, USA, 2010: 1879—1879

[95] P. K. Mallapragada, Jin Rong, A. K. Jain, et al. SemiBoost Boosting for Semi-supervised

learning. IEEE Transactions on Pattern Analysis and Machine Intelligence,2009,31(11):2000—2014

[96] 梁鹏,黎绍发,覃姜维,等. 基于半监督学习的增量图像分类方法. 模式识别与人工智能,2012,25(1):111—117

[97] H. Grabner,C. Leistner,H. Bischof. Semi-supervised On-line Boosting for Robust Tracking. IEEE 10th European Conference on Computer Vision 2008,Part1:234—247

[98] C. Leistner,H. Grabner,H. Bischof. Semi-Supervised boosting using similarity learning. IEEE 26th Conference on Computer Vision and Pattern Recognition,Anchorage,AK,2008:1—8

[99] S. Stalder,H. Grabner,L. V. Gool. Beyond semi-supervised tracking:Tracking should be as simple as detection,but not simpler than recognition. IEEE 12th International Conference on Computer Vision Workshops Kyoto,Japan,2009:1409—1416

[100] Zhang Z. Y.. A flexible new technique for camera calibration. IEEE Transactions on Pattern Analysis and Machine Intelligence,2000,22(11):1130—1134

[101] R. Y. Tsai. A versatile camera calibration technique for high-accuracy 3d machine vision metrology using off-the-shelf cameras and lenses,IEEE Journal of Robotics and Automation,1987,3(4):323—344

[102] Jun Chu,Anzheng GuoLu,Lu Wang. Chessboard corner detection under image physical coordinate. Optics & Laser Technology,2013,48:599—605

[103] P. S. Tavares,M. A. Vaz. Accurate subpixel corner detection on planar camera calibration targets. Optical Engineering,2007,46(10):1—8

[104] 杨幸芳,黄玉美,高峰,等. 用于摄像机标定的棋盘图像角点检测新算法. 仪器仪表学报,2011,32(5):1109—1113

[105] 张浩鹏,王宗义,吴攀超,等. 基于LCD和改进棋盘格模板的摄像机标定. 仪器仪表学报,2012,33(7):1541—1548

[106] 朱云芳. 摄像机径向畸变校正和内参估计的单图标定方法. 光电工程,2012,39(9):125—131

[107] 陈爱华,高诚辉,何炳蔚. 基于正交消失点对的摄像机标定方法. 仪器仪表学报,2012,33(1):161—166

[108] 余厚云,张为公. 基于单目视觉的跟驰车辆车距测量方法. 东南大学学报(自然科学版),2012,42(3):542—546

[109] 余厚云,张为公. 基于单目视觉传感器的车距测量与误差分析. 传感器与微系统,2012,31(9):10—13

[110] 郭磊,徐友春,李克强,等. 基于单目视觉的实时测距方法研究. 中国图像图形学报,2006,11(1):74—81

[111] J. Y. BOUGUET. Visual methods for three-dimensional modeling[D]. Pasadena:California Institute of Technology,1999

[112] Wang Anqi,Qiu Tianshuang,Shao Longtan. A Simple Method of Radial Distortion Cor-

rection with Centre of Distortion Estimation[J]. Journal of Mathematical Imaging and Vision,2009,35(3):165—172

[113] G. H. WANG, H. T. TSUI, Z. Y. HU, et al. Camera calibration and 3D reconstruction from a single view based on scene constraints. Image and Vision Computing,2005,23(3):311—323

[114] B. W. He, Y. F. Li. Camera calibration from vanishing points in a vision system. Optics & Laser Technology,2008,40(3):555—561

[115] R. Hartley, S. B. Kang. Parameter-Free Radial Distortion Correction with Center of Distortion Estimation. IEEE Transactions on Pattern Analysis and Machine Intelligence,2007,29(8):1309—1321

[116] Carlos Ricolfe-Viala, Antonio-José Sánchez-Salmerón. Robust metric calibration of nonlinear camera lens distortion. Pattern Recognition,2010,43(4):1688—1699

[117] 张浩鹏,王宗义,吴攀超,等. 摄像机标定的棋盘格模板的改进和自动识别. 仪器仪表学报,2012,33(5):1102—1109

[118] Carlos Ricolfe-Viala, Antonio-José Sánchez-Salmerón. Using the camera pin-hole model restrictions to calibrate the lens distortion model. Optics & Laser Technology,2011,43(6):996—1005

[119] Wang Zhongshi, Wu Wei, Xu Xinhe, et al. Recognition and location of the internal corners of planar checkerboard calibration pattern image. Applied Mathematics and Computation,2007,185(2):894—906

[120] Jianhua Wang, Fanhuai Shi, Jing Zhang, Yuncai Liu. A new calibration model of camera lens distortion. Pattern Recognition,2008,41(2):607—615

[121] 尹文生,罗瑜林,李世其. 基于OpenCV的摄像机标定. 计算机工程与设计,2007,28(1):197—199

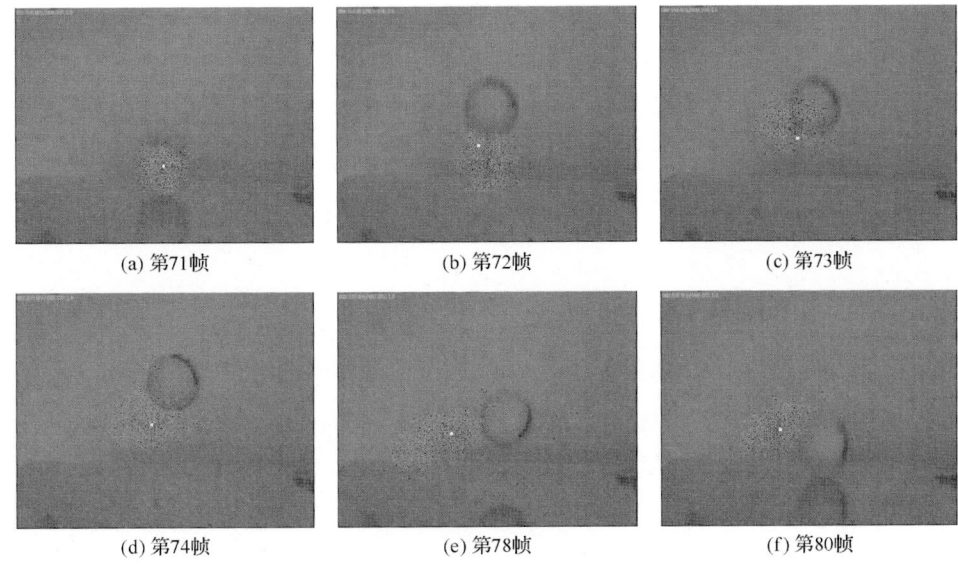

图 2.3.1 采用粒子滤波 SIR 算法的网球跟踪结果

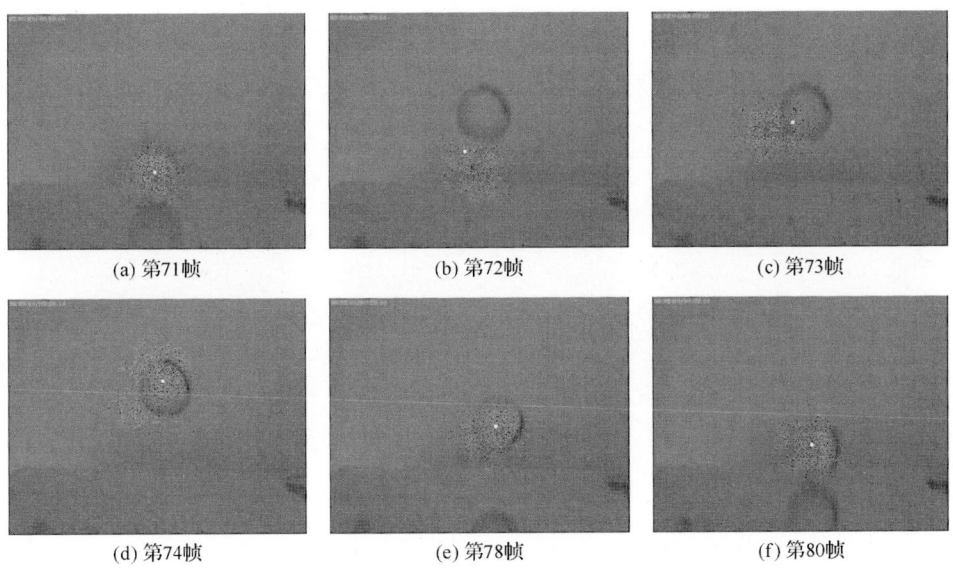

图 2.3.2 采用前帧加权采样的粒子滤波算法的网球跟踪结果

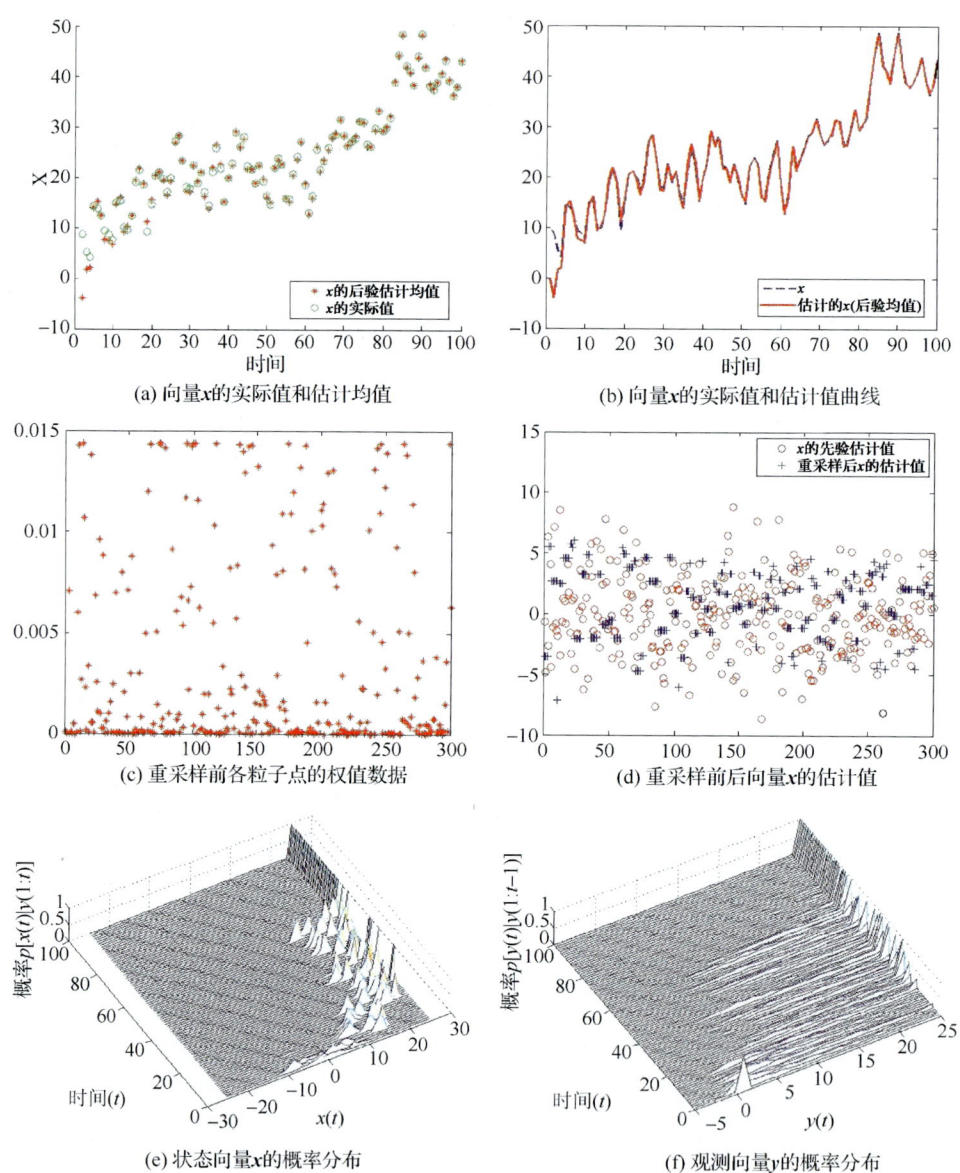

图 2.4.1 引入残差信息的分层重采样的仿真数据图

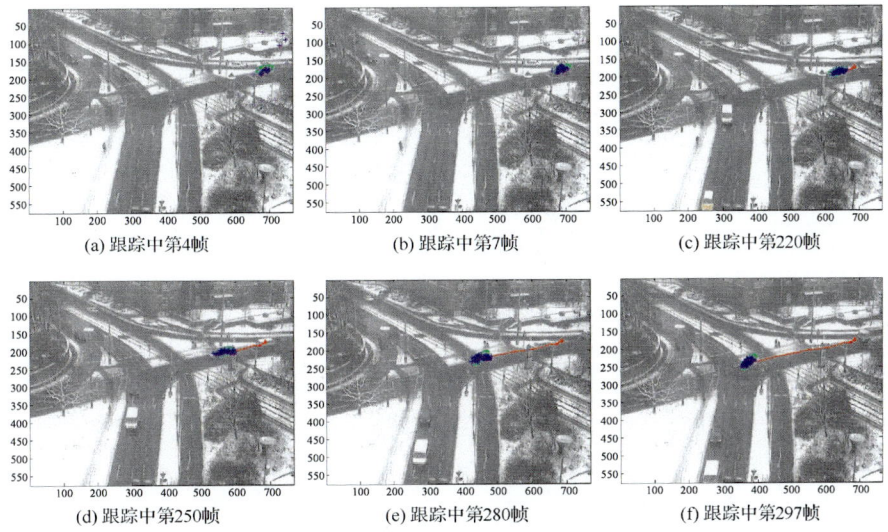

图 2.3.5　数据集 dtneu_winter 的跟踪结果

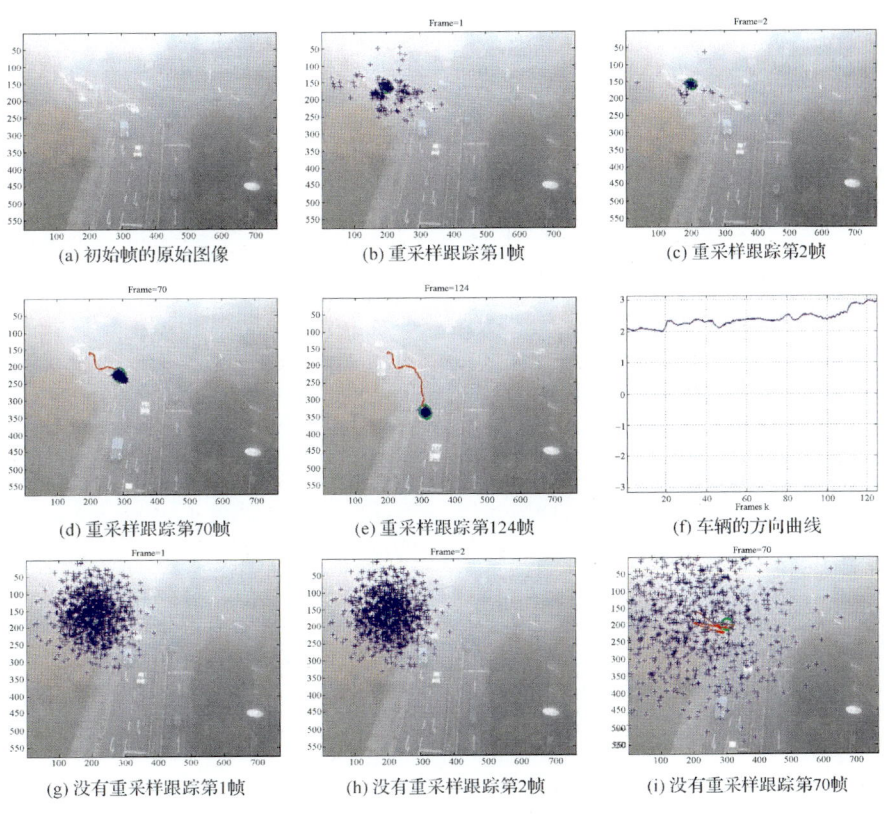

图 2.4.2　dtneu_nebel 数据集的跟踪试验图像

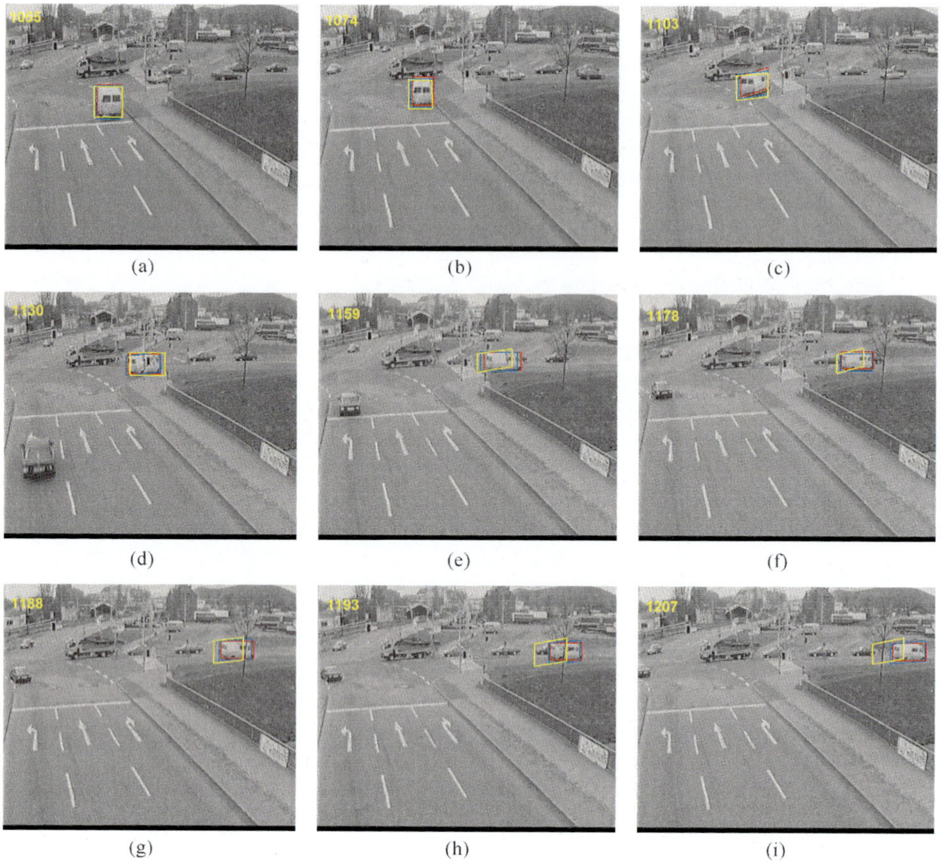

(a) (b) (c) (d) (e) (f) (g) (h) (i)

图 4.5.2　3 种跟踪器基于标准数据源 rheinhafen 的试验结果

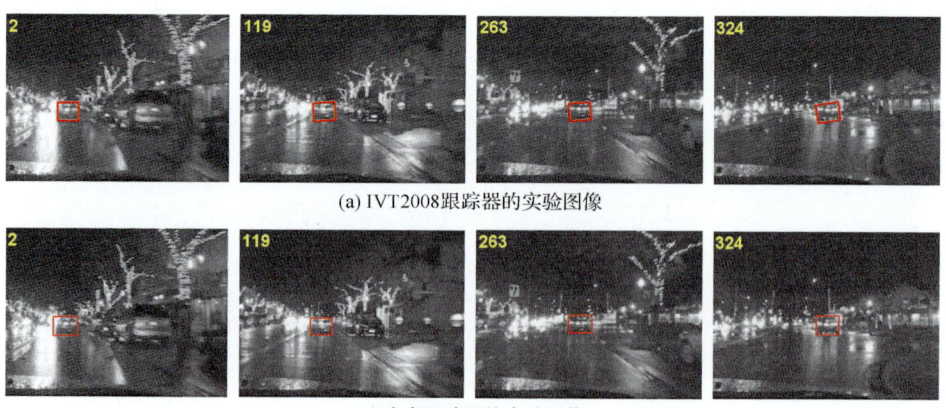

(a) IVT2008跟踪器的实验图像

(b) 本章跟踪器的实验图像

图 4.5.3　基于标准数据源 Car11 的试验结果

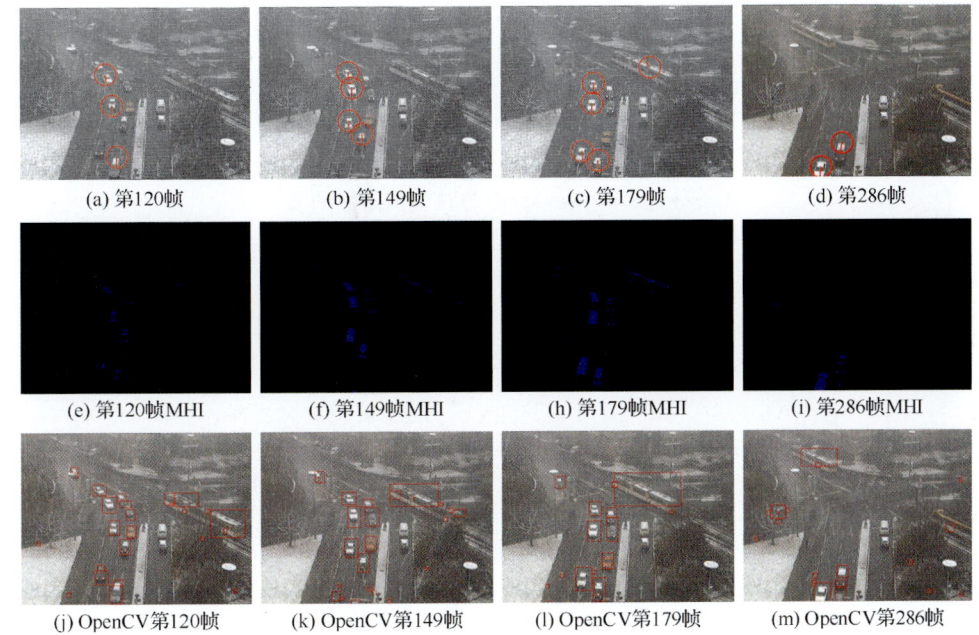

图 5.2.6 dtneu_schnee 试验结果

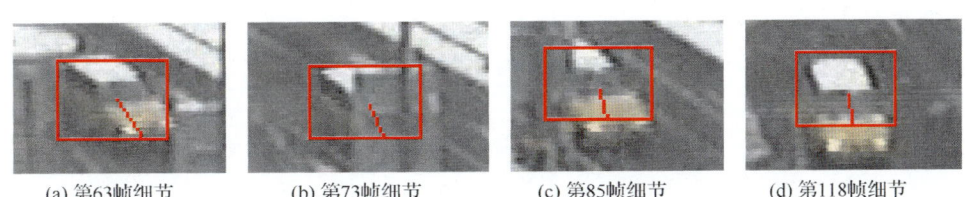

图 5.2.7 运动模板检测图像细节

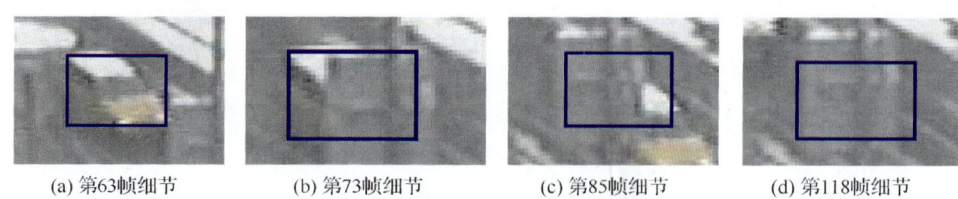

(a) 第63帧细节　　(b) 第73帧细节　　(c) 第85帧细节　　(d) 第118帧细节

图 5.2.8　meanshift 算法检测图像细节

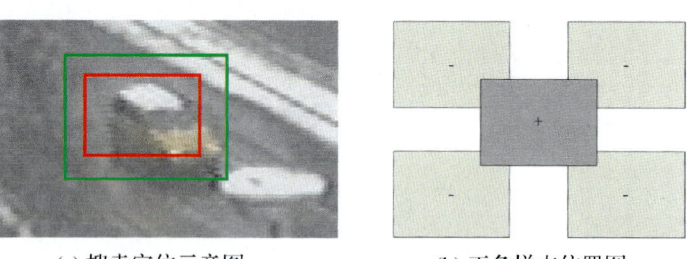

(a) 搜索定位示意图　　(b) 正负样本位置图

图 5.2.9　正负样本的定位原理图

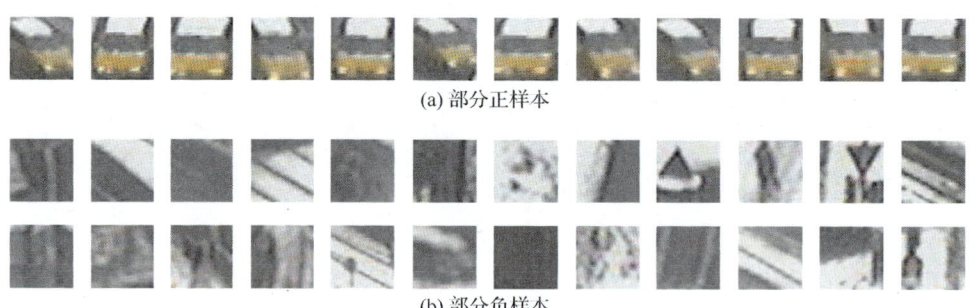

(a) 部分正样本

(b) 部分负样本

图 5.2.10　选定的部分正负样本

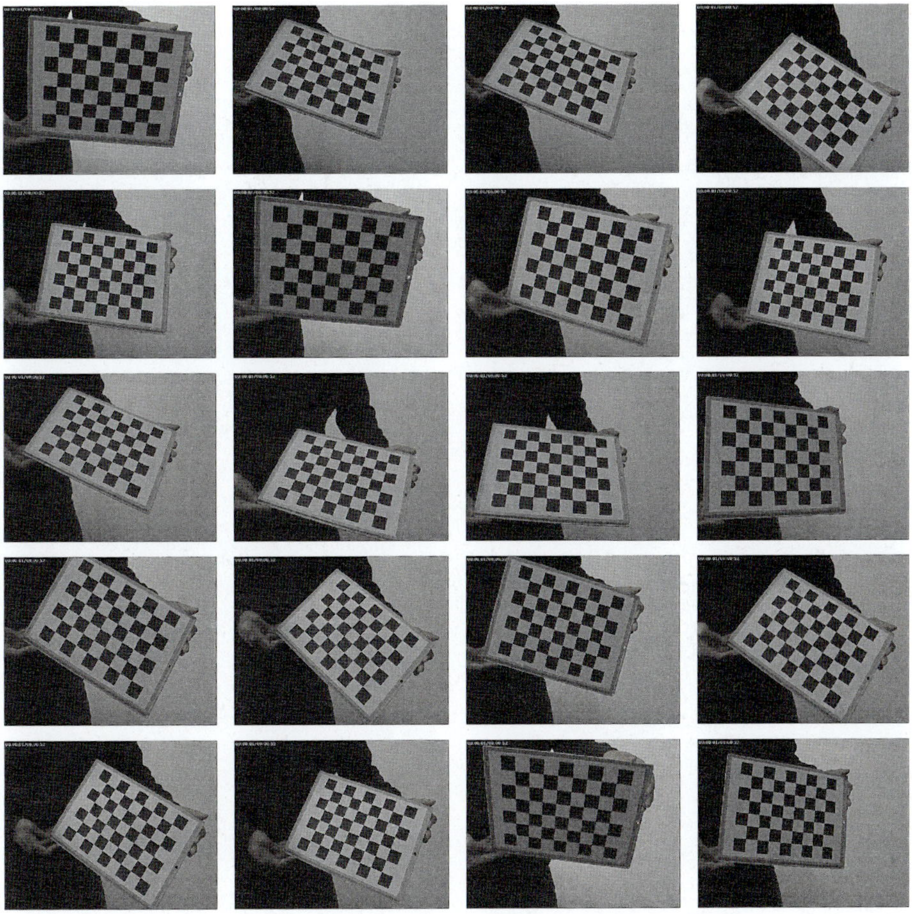

图 6.4.1 本章标定中所采集的 20 幅标定板图像

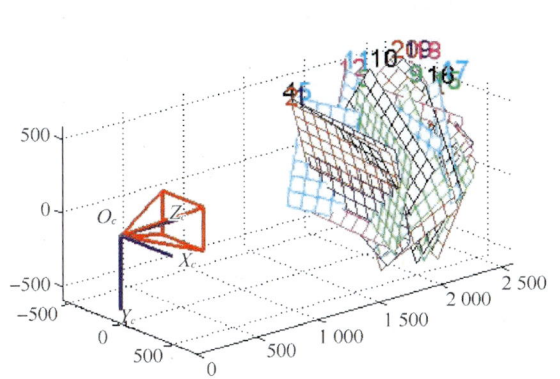

图 6.4.2 摄像机坐标系下的
标定图像位置

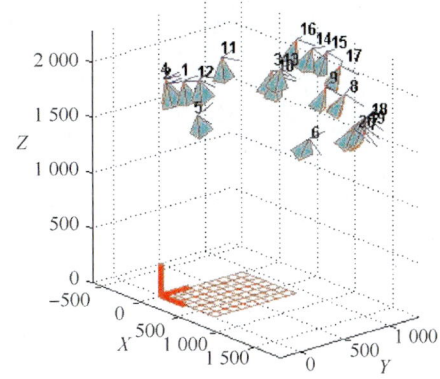

图 6.4.3 二维标定板静止下的
摄像机位置

图 6.4.4 本章标定中的角点检测结果

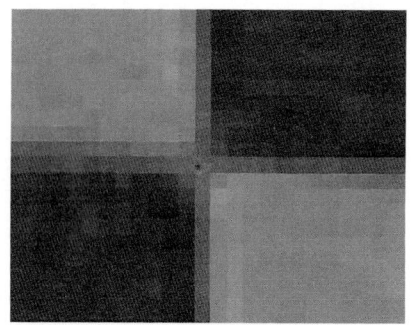

图 6.4.5 本章方法的角点检测细节

图 6.4.6 Harris 角点检测结果

图 6.4.7 Harris 角点检测细节

图 6.4.8 OpenCV 标定中的角点检测

图 6.4.9 本章标定中的检测细节